\ 本気で /

FIRE

Financial Independence and Retire Early

をめざす人のための

資産形成入門

30歳でセミリタイアした

私の高配当・増配株投資法

穂高唯希 著

実務教育出版

はじめに

入社初日に早期リタイアを決意、30歳で本当に達成しました

入社当日にアーリーリタイアを決意し、以降常に目標としていた「30歳でセミリタイア」へ足を踏み出した当日、私は次のようなメモを携帯に残しています。

「こんな清々しい気持ちになったのはいつぶりだろうか。世界が美しい。今後は1日をどう過ごすかを自分で決めるのだ。決して豚舎が決めるのではなく。」

今このメモを読み返してみても、その日の通勤途上、当時の私の心情を体現するかのように澄み切った夏空を仰ぎ、**「入社後7年半の間、常々思い描いていた生き方をついに達成できる……」**という感慨が、鮮明に思い出されます。

私のブログ**「三菱サラリーマンが株式投資でセミリタイア目指してみた」**を読んで頂いている

読者の皆様はご存じの通り、2015年にブログを開設して以降、「**30歳でセミリタイアを達成する**」という目標を掲げ、その投資や節約の手法・軌跡をつぶさに、つまびらかに、また赤裸々に、綴ってきました。

おかげさまでブログ訪問者は日々1万人を超え、テレビや雑誌・海外の新聞など様々なメディアに取り上げられるようになりました。株式から得られる配当金収入は月平均20万円超、多い月は40万円近い水準に育ち、金融資産は7000万に到達。セミリタイアに踏み切ることができました。本書はその資産形成における再現性の高い手法・軌跡をまとめた集大成となります。

旧来の画一的な価値観が急速に多様化してきている現代日本において、「サラリーマンを定年まで勤め上げて、年金をもらって生活をし、生涯を終える」という従来一般的であった生涯モデルは、過渡期に差し掛かっていると思います。会社（給料）や国（年金）に自分の人生や経済的な生涯設計を委ねる生き方は、もう通用しなくなってきているのです。

そんな中、「**経済的に自立した上で、自分の人生は自分で切り開く**」**という生き方をサラリーマンでも努力次第でできる**ということを、私は示したかった。残念ながら今の日本には、若年期に経済的自由を自力で達成し、セミリタイアした人物（ロールモデル）が見当たりません。ならば、自分がそのロールモデルになって示してみよう。そういう強い気概を持って、入社以降7年半、日々の生活を送り、ブログを綴ってきました。それぐらい、サラリーマンという生き方に、強烈な不自由を感じていました。とにかく自由になりたかった。その日にすることを自分で決めたかった。

何時に起き、何時にどこに行き、何時まで何をし、
何時に帰り、そもそもどこに住むのか。

これらをすべて自分で決めたかった。いつ終えるともわからない人生、一日一日、納得のいく過ごし方をしたかった。

私が30歳でセミリタイアを遂に達成した際のブログ記事「【念願】30歳で本当にセミリタイアしました。【FIRE】」をツイートした際、予想を超える凄まじい反響がありました。この反響の凄まじさは、私個人に帰する以外に、社会的な背景も大いにあると考えています。つまり、今の働き方や生活スタイルに、疑問や違和感を抱いている人がそれだけ多いということです。

本書では、そのような方々に、セミリタイアという概念、そして米国で台頭する「FIRE ムーブメント（Financial Independence and Retire Early、つまり経済的自由を達成した上で、早期リタイアをするという潮流）」という概念、そしてセミリタイアを達成するための再現性の高い投資・資産形成の手法について、私の実体験に基づいて解説し、解き明かしていきたいと思います。

私自身、「セミリタイアをして本当に良かった」と心から思いますし、「朝起きて、自分がその日やりたいことをする毎日」に深く感謝しています。セミリタイアを実現することは、決して不可能ではありません。その道筋を、順を追って、詳述していきます。また、会社を辞めたいわけではないものの、投資による副収入を得て人生の幅・選択肢を広げたい方にも適した資産形成の手法だと思います。どうぞじっくりお付き合いください。

『編集部注』
本書の内容は、執筆時点の情報に基づいています。
本書を参考にした投資によるいかなる結果についても、著者及び弊社は責任を負うことはできません。投資は自己責任でお願いいたします。ご了承ください。

本気でＦＩＲＥしたい人のための資産形成入門・目次

Chapter2

Chapter1

私が早期セミリタイアをめざし投資手法を確立するまで

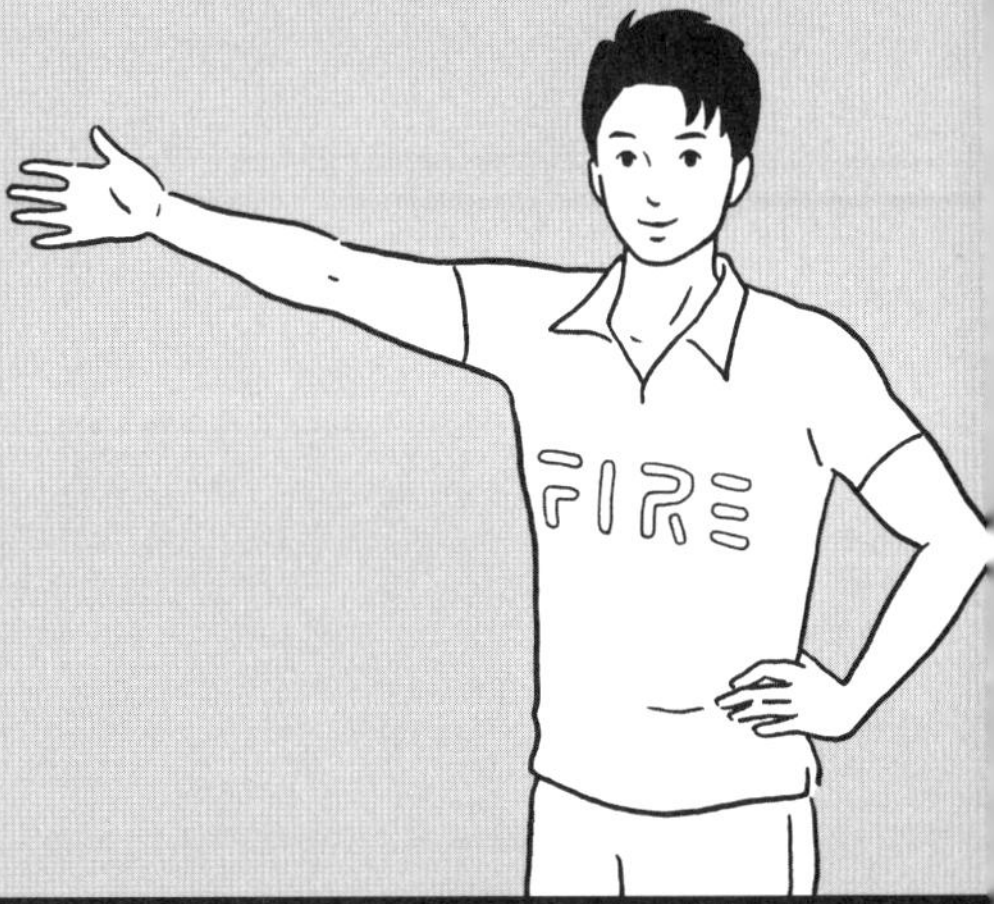

入社初日に決意した〝豚舎脱出〟

これから、なぜ私が早期セミリタイアを決意したのか、そのきっかけとなった出来事や経験についてお話しします。決定的な原因としては、新卒で入社したその日に感じた違和感がいつまでも残っていたことにあります。

入社初日、本社研修を終えた直後、私は友人に電話をかけていました。

「社会人てこんなんなんや……。なんやこれ、はよ辞めたいわ……。」

私が入社した会社は、三菱グループに属する大企業でした。北京への留学を終えて帰国し、就職活動を始めた私は、国際的な業務・視点を持ち、多様性を良しとし、海外へ駐在する機会もあり、なるべく待遇も良い企業を探していました。その条件に合致すると思しき企業に、入社を決めました。

ところが、入社初日にして既に絶望に打ちひしがれながら、セミリタイア・アーリーリタイアを志していました。

「これから一流企業で働けるんだ！」と期待に胸を膨らませる同期とは対照的に、大げさではなく、精神的な牢獄に入ってしまったかのような感覚を覚えました。なんと言い表せば良いのでしょう。「**普通でいなければいけない**」という空気を感じ、そして今まで生きてきた自由な世界とあまりに異なる文化、人々に囲まれていると強烈に感じたことを、今でも鮮明に覚えています。無難に、穏当に、とがらずに、ほかの人と同じように、型通りに振る舞うことこそが、スマートであり優秀と見なされる空気が、場を支配していることを肌で感じました。そこに「自分らしさ」は微塵も不要であり、自分を押し殺す必要がありました。

もちろん、大企業の会社員であればこそできる貴重な経験や、組織や仲間と何かを達成する醍醐味や楽しさを味わうことができたことは、大変感謝しています。「サラリーマンをしてよかったか」と今問われれば、「よかった」と答えます。振り返れば苦労ありとも実り大きく、無駄な経験は1つもありませんでした。

しかしながら、**型にはまった言動が評価される会社への息苦しさは強くなる一方で、いつしか私には自らが「豚」に見えてくるようになった**のです。決められた時間に豚が豚舎に入り、12時から13時には1時間だけ豚から人間に戻れる放牧タイム、そして夜にようやく解放され、豚から人間に戻る……。そして自らをもその豚舎に通う豚と認識し、揶揄して「トン（豚）」と呼んでいました（笑）。このように感じた背景には、のびのびと過ごした学生時代とのギャップも大きかったのではないかと思います。

社会人になるまでというもの、とにかく自由な雰囲気の下、私は育ちました。私が通っていた中高一貫校は、自由な校風で、良識を持っていながらも**生徒も教師も変人揃いの素晴らしい学校**でした。良い意味で本当に「変な人たち」です。それが最高でした。皆それぞれ個性が強いので、いくら個性が強くても何の支障もありません。

だからこそ、数学や物理などの国際オリンピックでメダルを取る人を何人も輩出している学校なのだと思います。良識ある限り、個性は伸ばすべきなのです。

そんな環境で育ちましたから、私も伸び伸びと自由に育ち、立派に変人に育ったと自負しています。こんな感じですから、入社後は不自由さや違和感を覚えました。

▼人生の転機となる北京留学

高校卒業後、私は慶應義塾大学経済学部に進学し、中国・北京にある北京大学に1年間留学しながら、中国語で経済学や金融論を学びます。この留学時代に、価値観や世界観が大きく変容しました。

北京大学は中国の秀才が集まる大学でもあり、実に様々な国から留学生が来ています。キャンパス内にある湖「未名湖」へ行くと、早朝から大声で英英辞典を音読・暗記している中国人学生が散見されます。**彼らにとっては、3か国語ぐらい話せて当たり前の世界です。**中国最高学府の学生だけあって、勉学に対する姿勢・ストイックさが尋常ではなく、自分の将来について深く考え、恋愛や課外活動などそっちのけで、食事以外はすべて勉学や研究に費やしている学生が数多くいました。

その頃中国に留学する日本人はマイナーであり、「なぜ中国へ留学?」と不思議がる人もいた時代でしたが、あまりに対照的な日中両国の大学生活を前にして、私は「日本は中国に抜かれる」と直感的に感じました。同時に、勉学に異様に打ち込む北京大学の中国人学生を目の当たりにし、それまでの自身がいかに怠惰であったかを猛省しました。

そこから不退転の決意で留学生活に臨みます。中国語を最速で身に着けるため、日本人とは極力関わらず、常に中国語を使う環境に身を置き、独りの時も必ず中国語の映画のセリフを聴いては夜に復習するなど、語学の勉強はもちろんのこと、とにかく現地の人と深く交流することに努めました。道端のホームレスから大学教授まで、実に様々な中国人、そして、多くの国の留学生とかけがえのない時間を過ごしました。濃密な日々の生活の甲斐あって、半年で中国語検定のHSK（漢語水平考試）の最高級を取得したことは自信にもなりました。

▼「正しい」とは何か、「正解」とは何か

中国留学を通して感じたことは、「日本で正しいとされていることは、必ずしも正しくないんだ」ということです。国が変われば皆変わるとは本当にその通りで、お国柄・文化・国民性・是とされる価値観・宗教観など本当に様々です。**「正しい」とは果たして何だろうか、「正解」とは果たして何だろうか、**そんな思いを抱きました。

たとえば、日本では大学に入って文系学生はそのまま就職活動をすることが「普通」であり「正しい」とさえされている節があります。しかし、海外では大学を卒業してからも、特にやりたいことが見つからないならば、「28、29歳までアルバイトや実家の援助などで食いつなぎ、30歳目前

から留学する」というような学生を多く目にしました。一方で、見事に日本人だけが一様に23歳以下で留学に来ていました。

確かにそうです。「大学卒業後すぐに就職する」という規定レールが敷かれているかのような日本に、私もそれまで疑問すら抱きませんでした。しかし、**就職は、大学卒業後に多様な経験を経た後でも良いはずです。**皆一様である必要はなく、色々な形があって良いはずです。

ほかにも、ブラジル人の友人には、「日本人は長い時間働くが、そんなに仕事が好きなの？」と聞かれ、そういうわけではないと返せば、「じゃあなぜそんなに働くの？　私達の国は、働きたくなければ最低限しか働かない人も沢山いる」と言われ、当時の私は返答に困りました。

さらにスペイン人の友人はこう続けました。「人生は楽しむためにあるんだよ。楽しまなくちゃ。日本は我慢が美徳と聞いたけど、なぜ？」と。

異なる国々の友人が投げかける素朴で真に迫る質問には、大いに考えさせられました。そして、**自分の国をいかに客観的に捉えていなかったかを思い知りました。**鏡を見れば、平和を享受し、**自分の国や人生に対して浅い考察しか持ち合わせていない緩み切った自分**が映っていました。

このような学生生活・留学生活を経て、帰国後はグローバルと目される日本の大手企業に絞って就職活動をしたわけですが、**就職活動の時点ですでに強烈な違和感を覚えていました。**皆同じような髪形・格好で、**いかに無難にやるか、いかに「正解」とされる立ち居振る舞いをするかに、皆が一所懸命になっているように見えました。**

冒頭で述べた通り、この違和感は、入社してから「普通でいなければいけない、という強迫的な空気感」という形で、現実のものとなったのです。

▼「かたわらの死」から学んだ、かけがえのない時間的価値

突然ですが、皆さんは日々、何を思って生きてらっしゃるでしょうか。

私は2歳の頃、父が突然、海外登山での遭難により亡くなりました。雪崩に遭ったと見られています。

つまり、**幼い頃より私のかたわらには、父の死という非常に身近な「死」が存在しました。**人は何の前触れもなく、あっけなくこの世から去るのですね。それは普段、人々が意識しないことでありながら、一方で厳然たる事実でもあります。これはなにも私に限ったことではなく、**人は皆有限の時間を生きています。**人生2度なし、悔いなく生きよということです。

この死生観は、私の人生観に強く影響しています。「**社会で一般的とされる社会通念にとらわれず、1度きりの人生、自分が思うままに自由に生きよう**」という信条の根底には、この死生観が

●全身筋肉量の20歳からの変化率

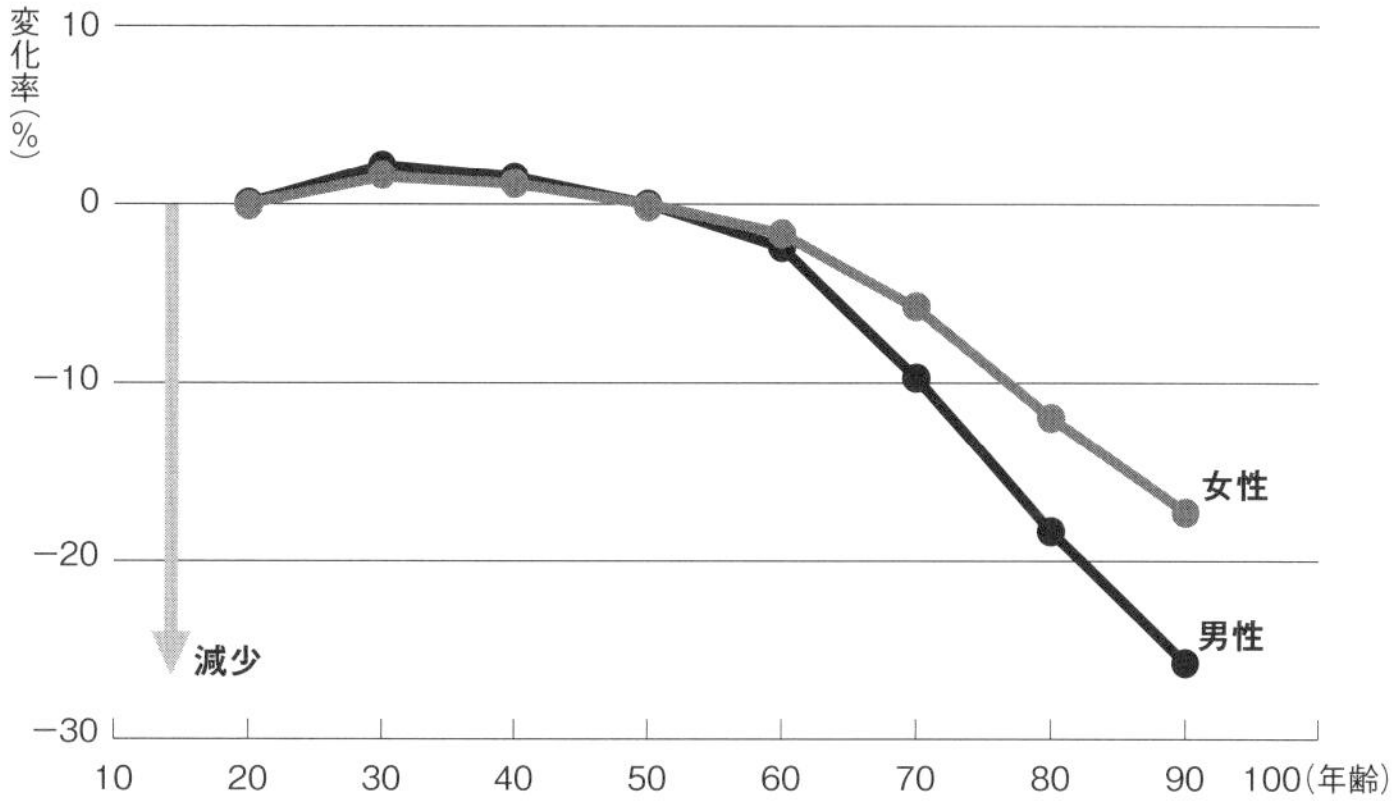

出典:谷本芳美ほか. 日老医誌2010;47:52-57　より引用改変

あります。

▼30歳は人生の大きな節目

２０１９年に年金２０００万円問題が話題となりました。しかしそれよりも私が気になったのは、**「日本人男性の健康寿命は72歳である」というデータです。当時30歳の私は、既に健康寿命の4割を消費していることになります。**これは非常に考えさせられました。さらに、30歳というのは肉体的にも大きな節目です。**30歳というのは、統計的に筋肉量が以降緩慢ながらも徐々に減り始める節目なのです。**そうです、老化という現象が、徐々に、しかし確実に始まります。

上のグラフを見ればわかる通り、筋肉量は30歳をピークに下降線を描きます。30歳から筋肉における老化が始まるわけですね（ただし、私の尊敬する三浦雄一郎氏は80代ながら20代なみの筋肉量を誇ります。私も同じように年をとりたいものです）。

これを見て私は、**今までと同じかそれ以上に一日一日を丁寧に、大切に、生きる必要があるのだと、強く感じました。**

サラリーマンの仮面をかぶっていれば、自由な時間と引き換えに、給与が毎月1回、豚舎を経由して振り込まれます。「退職するなんてもったいない」と言われたこともありましたし、私もそう思っていた時期がありました。しかし、健康寿命や筋肉量の残り時間と天秤にかけると、30歳を迎える頃には「もったいない」とは全く思わなくなりました。若年期における有限の時間というのは2度と帰ってこないからです。1回きりの人生、後悔のないように生きたい。故に、セミリタイアへの決意はますます強固なものとなりました。

▼現在の高配当・連続増配株投資を確立するまで

確実に早期セミリタイアするにはどうすればいいのか。私は常に考え続け、試行錯誤を続けた結果、**一定期間「お金を稼ぐこと・資産を形成すること」に集中し、その資金を上手く運用して、「経済的自由」を獲得しようと決意しました。**ここで言う「経済的自由」とは、「株式や債券から得られる配当・利子所得などの不労所得が、生活費を継続的に上回る状況」を指します。**それで自由という時間を手に入れれば良いのです。**こうして、「**給与の8割を投資に回す**」**という、「30歳での経済的自由・セミリタイア」の実現に欠かすことのできない核心的な投資スタイルを確立しました。**投資と言っても様々な対象があります。私も最初から現在の投資法に至ったわけではなく、何度か失敗もしてきました。現在の投資手法に至るまでの私の投資遍歴をここで少し触れておきたいと思います。

14歳、バブル期に比べ日本円の金利が低過ぎると気づき、為替を研究

私は中学生の頃から、お金というものに興味がありました。きっかけは、母を助けたかったからです。

先に述べた通り、幼い頃に父を亡くしているため、母が女手ひとつで懸命に、姉と私を育てました。専業主婦だった母は再就職をし、寸暇を惜しまず必死に資格の勉強などに励んでいました。加えて、家事に育児に奮闘し、「毎日寝るときに、明日死んでいるかもしれないと思った」と、のちに述懐するほどに、毎日が文字通り精一杯だったとのことです。

そんな母を間近に見ていた私は、「私が少しでもお金を稼ぐことができれば、母が少しでも楽に

なるかもしれない。家に帰れば、ほかの子供たちと同じように、母が家で待ってくれているようになるかもしれない」、そんな風に、本気で考えていました。

私が14歳の中学2年生だった当時、金融機関に勤めていた母から、「バブル時代は金利が7％の時期もあった」ことを知ります。私はそれを聞いて「お金を預けているだけで、1年で7％増えていた」という事実に、深い関心を持ちました。一方その頃、1％を大きく下回る金利であった日本円に対し、翻って海外を見れば金利5％がザラにあることに気づきます。「これは日本円で預金をするのではなく、外貨で預金をした方が良いのではないか？」と当時は単純に考え、中学2年生、為替を研究し始めます。

リーマンショックで市場の大変動を経験

ほかの外貨建て金融商品に比べ、相対的に手数料（スプレッド）が安いＦＸ（外国為替証拠金取引）に魅力を感じ始めました。主にドル円、ユーロ円、豪ドル円などクロス円取引に勤しむ中、ピーク時には評価額が元本の2倍に迫る時期もありましたが、やがてリーマンショック到来。**一気に元本割れしました。**

当時は資産の増加に気を良くし、レストランで一番高いものをオーダー、旅行も1泊3万円の旅館に泊まるなど、身の程を知らない時期でした。しかし、リーマンショックでの損失を機に、お金に対する価値観が固まっていきます。そう、**節約するようになっていきました。**失って初めて、お金の大切さを身を以て知ることになります。リーマンショックで損失を出したことで、ややトラウマ気味となり、1年ほどFXから離れます。このまま負けて引き下がれないという思いで、再スタート。結果、なんとか地道に利益を積み重ねました。

22歳、日本株へ参入

コツコツとFXを続けるかたわら、就職活動を意識し始めた頃に企業に興味を持ち始め、株式投資を始めました。とはいえ、日本株を始めた後も、主に労力を割いたのは依然FXでした。しかし、何度か自身の思惑と逆の値動きになったことで、またも利益を吹き飛ばす形になりました。**市場をいくら研究しても値動きは読めないと痛感し、利益を積み上げても結局失うことを何度も経験するうちにFXで安定的に利益を積み上げることに限界を感じていました。**

▼損益だけでなく、精神面でも消耗したＦＸ

外国為替市場は東京、ロンドン、ニューヨークなど、平日24時間にわたって市場が開いています。当時の私は投資家として非常に未熟でした。今ほど資金管理・ポジション管理を適切に行えず、レバレッジを大きくかけて夜中も市場動向が気になってしまう程でした。このように、**損益だけでなく精神面でも消耗するような投資行動は永続的でないことに気づき、ようやくＦＸに見切りをつけ、本格的に株式投資に軸足を移すことになります。**

ＦＸで「早く大きな利益を上げたい」という性急さにも起因し、散々苦渋を味わった私は、**長期的に心穏やかな状態で安定的に利益を積み上げる仕組み作りを模索しました。**そして、ようやく**「株式を継続的に購入することで、株式から得られる配当金を継続的に積み上げていくことが好適である」という結論に至ります。**

収入の8割をせっせと株式買い付けに回す単純作業

「株式を継続的に購入することで、株式から得られる配当金を継続的に積み上げていく」という今に至るまでの大方針のもと、まず手始めに、ソフトバンクグループ、帝国繊維、東京テアトル、東京急行電鉄、はせがわ、京セラなど、興味の湧いた企業群の株式を次々に買い付けていきました。

そしてこれらの銘柄から配当金が振り込まれた時、**「逐一市場をチェックせずとも、夜中に市場をチェックせずとも、レバレッジや証拠金維持率を気にせずとも、中央銀行や金融当局のヘッドラインを逐次チェックせずとも、株式を保有していれば配当金が自動的に振り込まれる」**という素晴らしい仕組みが存在することを、身を以て実感しました。「これだ！」と推測が確信に変わった瞬間でした。

このように「株式を保有している限り得られる**定期的な不労所得、定期的なキャッシュフロー**」

という配当金の性質を確認し、以降、**高配当株・連続増配株をひたすら買い続ける形で配当金収入の最大化に腐心し始めました。**

配当金という定期的に生まれる不労所得・キャッシュフローを最大化するには、いかに多くの資金を作り、高配当株・連続増配株を購入し続けられるかが鍵となります。そのためには、「**定期的な証券口座への入金」と「入金額の最大化」が必要不可欠です。**

定期的に証券口座へ入金して株式を購入するためには、**サラリーマンという職業は非常に向いています。**なぜなら、毎月定期的に給与という名のキャッシュフローが得られるからです。しかも、余程のことがない限り、その毎月のキャッシュフロー（給与）が減ることはありません。

私は毎月の給料の８割とボーナス全額を、米国や日本などの高配当株や連続増配株の買い付けに回していました。背景にはやはり、節約、もとい支出の最適化を徹底していたことがあります。いわば、**「給与の大部分を投資に回すこと」と「支出の最適化（節約）」を両輪として、優良と判断した高配当株・連続増配株に資金をひたすら投下し続けました。**

私はこれこそが、資産形成をする上で最も大切なポイントだと思います。つまり、給与からできるだけ多くの額を捻出して株式を購入し、保有株数と配当金を着実に積み上げ、資産を形成するスタイルです。この形であれば再現性は高く、目に見える形で配当金や株数を着実に積み上げていくことができます。

毎月の給料日は、「次はどの株を買おう」「この株をいくら買えるから、配当金がこれだけ増える。これでまた一歩、経済的自由に近づける」と、こんなことを楽しみながら考えていました。そして何よりやりがいがあるのは、**株式を買えば買っただけ配当金が増えていく**こと。そして、**給与と配当金を再び投資に回すことで配当金が右肩上がりに増えていくということです。人間が長期的に何かに取り組む際には、「右肩上がりに積み上げていけるものを数値でもって可視化すること」が極めて有効です。**その意味でも、毎月給与から株式を買い続けて配当金を積み上げていくスタイルは、資産形成に非常に適しています。

そして、次のツイートが私の投資哲学・投資方針を端的に表したものです。

「明日は給料日。収入の8割をせっせと株式買付に回す単純な作業。そうして配当収入の綺麗な右肩上がりのグラフが描かれていく。いかに若年期に投下資本を蓄積できるか、もうそれに尽きるんやで」

ご覧の通り、年を経るごとに、定期的な不労所得である配当金が増加し続けていることがわか

●著者の配当収入（税引き後）推移（2016〜2019年）

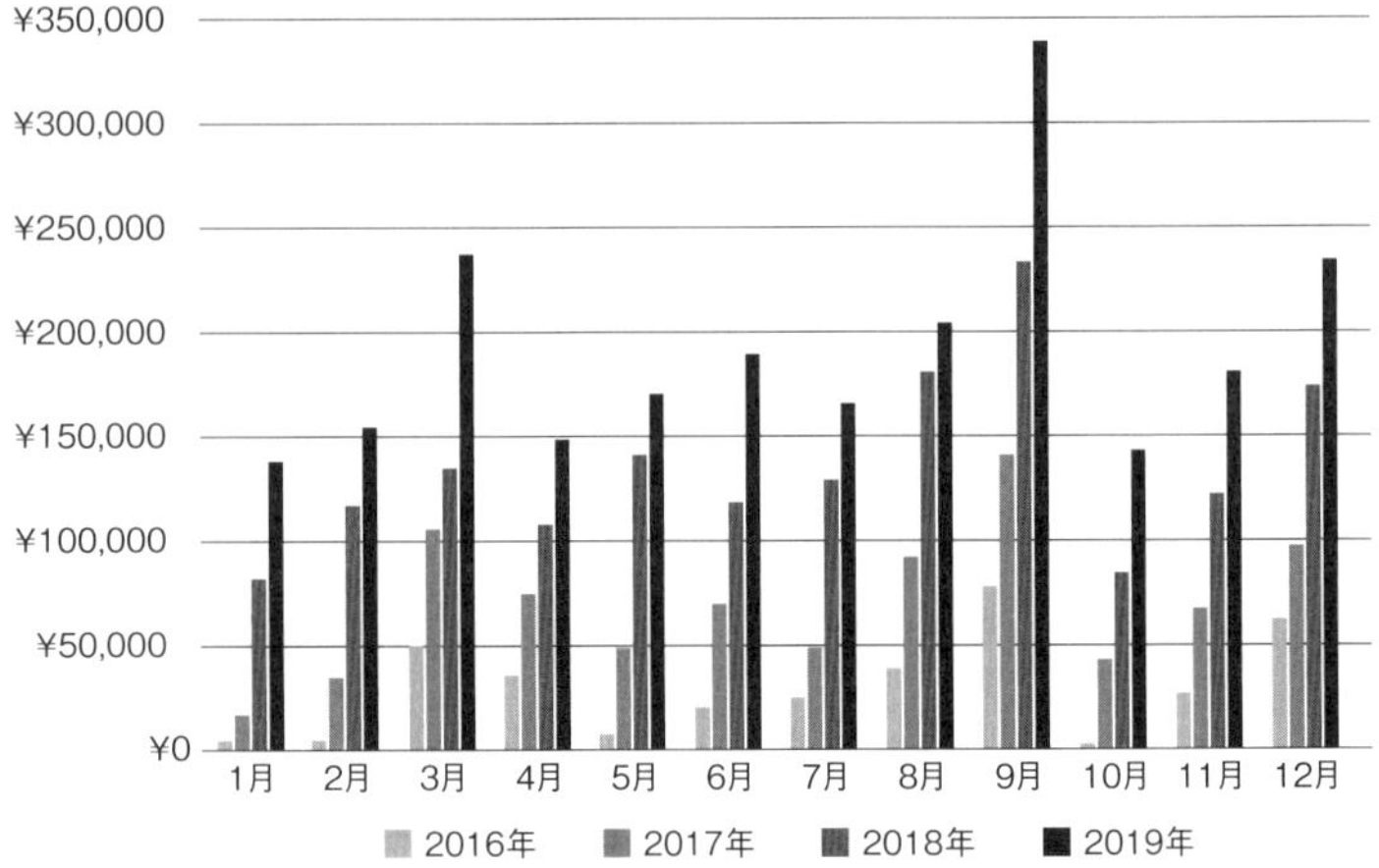

ります。このグラフが、サラリーマンを続ける大きなモチベーションの1つになっていました。「給与の多くを高配当株・連続増配株に投資し、配当金を増やし、その増えた配当金と給与でさらに高配当株・連続増配株へ投資し……」ということを繰り返し行えば、配当金収入は非常に高い確度で増えていきます。給与の一部を毎月投資に充てることに、特別な才能は要りません。決めたプロセスに従って粛々と行うだけです。配当金という定期的なキャッシュフローができると、別の生き方をするハードルがその分下がります。私のようにセミリタイアとまではいかなくとも、本業以外から定期的に収入があるということは、経済的・精神的安定にもつながり、いざという時の備えにもなります。このことが、人生において非常に大きな意味合いを持つと、断言します。

経済的自由を達成した先に、夢や目標はあるか

経済的自由とは、自由な時間を得るための切符です。理想の生活を手に入れるための切符です。理想の生活とは、人によって大きく異なると思います。当人の人生の価値観が反映されますから、別に必ずしも立派に社会貢献をしなければいけないわけでもないと思いますし、倫理的に道を外れたり他人に迷惑をかけたりしない限りは、理想の生活がどんな形であっても良いと思います。

「旅行やスポーツなど趣味に打ち込む」「親孝行をする」「ゲームをして1日中ゴロゴロする」等々、色々な形があると思います。経済的自由を達成し、セミリタイアを達成すれば、貴方の理想の生活は環境さえ整えば、実現可能になってきます。そして、夢や目標があれば、経済的自由をめざす意義は増します。その先の展望が描けるからです。

▼世界に広がるＦＩＲＥムーブメントの潮流

自分の人生を主体的に描くこと、これこそがＦＩＲＥムーブメントが表す1つの生き方です。ＦＩＲＥムーブメントとは、米国の若者の間で勃興している「経済的自由達成かつ早期退職をめざす」という潮流のことです。私が「ＦＩＲＥ」という言葉と出会ったのは、２０１８年に私のブログ読者の方々から「米国にあなたのような人がいる」と教えて頂いたことがきっかけでした。米国で示されるＦＩＲＥ達成方法は、「収入を増やし、支出を減らし、貯蓄率を高める」ことが根幹であり、それは偶然にも私が入社以降、ひたすら注力してきたことそのものでした。ちなみに、米国だけでなくドイツでも同様の潮流が見られます。

先進各国において同様の潮流が起こったことは、私は必然だと思います。なぜなら、モノがあふれ、社会が高度化した先進国において人々の幸福に直結する要素は、金銭を投じて得たモノというよりも、生き方そのものにあることに、人々が薄々気づき始めているからです。

ＦＩＲＥという概念において重要なことは、なにも億万長者になることが経済的自由ではないということです。事実、ＦＩＲＥは支出水準がその達成難易度を決定的に左右します。経済的自由と聞くと、資産や支出などの経済状況にフォーカスしがちですが、その経済状況を決定づけるのは、生き方です。つまり、「自分がどう生きたいのか」が、ＦＩＲＥや経済的自由を語る上で決定的に重要です。お金はあくまで手段であって、長期的に人生の原動力であり続けるのは、お金そのものではないのです。

▼人生の原動力は、「挑戦し続けること」

私は、人生の原動力は「挑戦し続けること」だと思っています。

目標や夢もなく、現状維持に甘んじるような生活は、私の場合、日常に張り合いがなくなります。「セミリタイア後に張り合いがなくなる」「老後に暇を持て余してしまう」そういう人もいらっしゃるようですが、セミリタイア後や老後に「目標」「夢」「挑戦すること」がないからこそ、そういう状態になるのではないでしょうか。

たとえば、休日に「暇だなぁ」と思うのは、まだ自分が本当の目標や夢に気付いていないからかもしれません。

生きがいを失った人間は脆く、朽ち果てるのも早い。それは何歳であろうが、老後だろうが、セミリタイア後だろうが、現役だろうが、関係ありません。

「仕事を辞めたら人間ダメになる」と考える方もいらっしゃると思います。私はそれは違うと思います。「仕事を辞めたら人間ダメになる」のではなく、「目標や夢・生きがいもなく、現状維持に甘んじるような生活は、日常に張り合いがなくなる」のだと私は考えます。
「目標や夢・生きがい＝今の仕事」という人は、「仕事を辞めたら人間ダメになる」という言葉として表出するだけで、本質は「仕事をするか否か」ではなく、「目標や夢・生きがいがあるか否か」そして「その目標に向かって走っているのか否か」だと思います。

▼セミリタイア後も、何かに挑戦し続ける

サラリーマンを続けていた20代の頃は、セミリタイア・経済的自由・FIRE、「時間を自分でコントロールできる状態」になることが、大きな目標でした。私にとって20代の位置づけは、蓄財期、そして異質なものに触れ、経験を蓄積し、世界観を広げ、観点を増やす時期であったと言えます。それは入社する時点で明確に定めていた位置づけでした。

この20代における目標は、周囲に何を言われようがブレずに自分の信念をひたすら貫き通すことで、金銭的にも既に達成されました。そして、セミリタイア後も常に何かに挑戦し続けたいと思っています。その1つは、皆様に経済的自由を手に入れてもらうお手伝いをすることです。その過程は引き続きブログでも綴っていければと思います。

目標をもって、その目標を達成しようと生きること、そして目標を達成しようとする挑戦意欲、これこそが、心にも身体にも良い影響を与え、生きがいというものをもたらすと確信しています。目標に一歩近づいたと感じる日は、多大な充実感を得られます。

生きている限り、何かに挑戦し続けていたいと思います。だって、いずれいつかは死ぬのですから。どうせいつか死ぬなら、何かに挑戦して、後悔せずに、死にたい。父親も同じ思いを持っていたからこそ、世界の未踏峰の山々に挑戦してきたはずです。結果として遭難しましたが、残された資料や交遊関係から察するに、後悔なしとは言い切れないとしても（幼子二人を残していったのですし）、やりたいことをやり続けた人生であったと思います。

▼自分自身との対話を大切にし、内なる声を傾聴する

私はよくブログ内でも、「自分自身との対話を大事にする」ことに何度か言及してきました。自分自身との対話とは、具体的にはどのようなことでしょうか？　以下の通りです。

自分の内なる声（本当にしたいこと）に耳を傾ける
「自分の夢は何だろう？」と問いかける
「生まれてすぐに、死に向かって走り続けている中、自分は一度きりの人生で何がしたいんだろ

う？」と常に問いかける

自分がしたいこと、夢・目標・挑戦したいことは何だろう？　と常に自分自身に問いかけ、それに向かって邁進すること、これこそが極めて重要だと、私は思います。なぜ？　なぜ？　と自分に問いかけるのです。


なぜ今の会社で働いているのか？

なぜその会社に入ろうと思ったのか？

なぜそこに住むことにしたのか？

なぜその人生の決断をしたのか？

その決断は、目標達成にどのように必要で、どのような意義があると思って下したのか？


自分に問いかけることは、とても重要なプロセスです。右に挙げたような問いはあくまで一例ですが、これらの問いに明確に答えられれば、あなたの人生はある1つのベクトルに沿ったものなのかもしれません。

現代日本は娯楽に満ち溢れています。テレビ番組・YouTube・Netflix・SNSなど、常に個人の「時間というパイ」を巡って争奪戦が繰り広げられています。今の世相を論じるにあたり、「晴耕雨読」はもはや死語に近いと言って良いでしょう。いつの間にか、日々の仕事に追われ、多様な娯楽に追われ、そうしているうちに、主体的に沈思黙考する時間は意識しないと設けられません。

一方で、「何も考えずに生きる」ことを否定しているわけでは決してありません。それも1つの生き方です。私がサラリーマンを続けないのは、日々の問いかけによって得られた答えと、サラリーマンという生き方が、どうしても交わらなかったからです。

▼幼い頃は、ワクワクするような夢や目標があったはず

本来、子供の頃のように毎日はしゃぎながら生きることができるはずです。サラリーマンになることを選んだのは自分自身です。辞めるも続けるも自分次第です。

あなたに夢はあるでしょうか。そしてその夢の達成のために、何が必要でしょうか。

夢という言葉を用いなくても、目標でもいいのです。「どんな人生を送りたいか」でもいいのです。

素直な気持ちで目標を書き出してみましょう。何歳であろうが関係ありません。その問いかけ

によって得られた答えとサラリーマンが交わるのであれば、続ければ良いのです。交わらないなら、手立てを考え、別の生き方をするために、自身の納得のいく策を講じましょう。

別の生き方をするための策、それは支出の最適化（節約・倹約）の観点から、資産運用の観点から、生き方の観点から、ライフスタイルの観点から、本書やブログを参考にして頂ければと思います。

幼い頃、夢は何？　と問われ、だれもが答えを持っていたはずです。

大人になった今、自分の夢はなんだろう？　といつも問いかけるのです。自分自身に問いかけて、その夢に向かって進んでいくことが、生きがいになり、生きる意味を見いだすのです。

あなたの夢は、何でしょうか。

column

複利効果を実感するのは、配当金がいくらになった時か

配当金が月額で10万円を超えたあたりから、キャッシュフローの厚み、そして再投資の規模が増大するのを感じると思います。二桁の大台に達したという一里塚的な意味合いとしても、1つの節目と思います。

月額配当金10万円を得るには種銭としていくら必要か、と言えば3000万円は必要になってきます。運用額3000万円を高配当株や、高配当株のETFなどに投資して、配当利回り4%で年間配当金120万円です。税引後配当利回り4%を得るには、それなりに投資対象や相場環境が限られますが、金融資産額で言えば3000万円が1つの目安になります。1000万円あたりからでも感じることはできます。月3万円ぐらいの配当がもらえますから、あるとないでは全然違います。ただ、より実感として如実に感じるのは、3000万円を超えたあたりからだと思います。

金融資産が3000万円に達したあたりから、いわゆる準富裕層とされる金融資産5000万円

も意識し出すところだと思います。そして後述する「ETF」へ毎月投資するなど、自分にとってしっくりくる投資手法が確立していれば、「1000万円→3000万円」より、「3000万円→5000万円」のほうが、感覚的に断然速いです。これはもちろん、1000万円の時より元本が3倍もあるからですね。配当再投資額の差も大きく、株数の増加ペースの勢いは如実に感じられると思います。

金融資産が5000万円になってくると、これは明らかに景色が変わります。増配率が堅調であれば、簿価（取得価格）に対する利回りも年々上昇する上、月額配当金が20万円に近づいてきます。やはり配当が月20万円を超えてくると、株数の増加ペースの勢いも感じやすくなります。この頃からセミリタイアの実現可能性も意識し始める方も多いかもしれません。

いずれにしても、たとえ株式市場が暴落しようとも、歩みを止めないことが大事だと思います。給与から一定額または一定割合を拠出して毎月積み立てれば、配当金は増えていきます。時間をかけてでも着実に積み上げるだけの意義は感じます。その過程では景気後退や暴落などの悪路もあると思いますが、ともに乗り越えていければうれしく思います。

Chapter2
支出を最適化し、高配当・連続増配株投資を始めよう

心地よい資産形成には高配当株・連続増配株の投資は有力

ここからは、具体的に私が採った投資手法である「高配当株・連続増配株をひたすら買い続ける」というスタイルについて説明します。

▼高配当株から多くの配当金を得るということ

高配当株とは配当利回りが高い株式を指します。配当利回りとは、1株あたりの配当金を1株あたりの株価で割った値です。

多くの企業は、投資家（株主）からの出資や金融機関からの借入などをもとに事業を運営し、利潤を生み出します。株主は投資先の企業が倒産すれば、株式が無価値化するというリスクを負って、投資をしています。その無価値化や株価が下落するリスクを負う反面、企業が得た利潤など

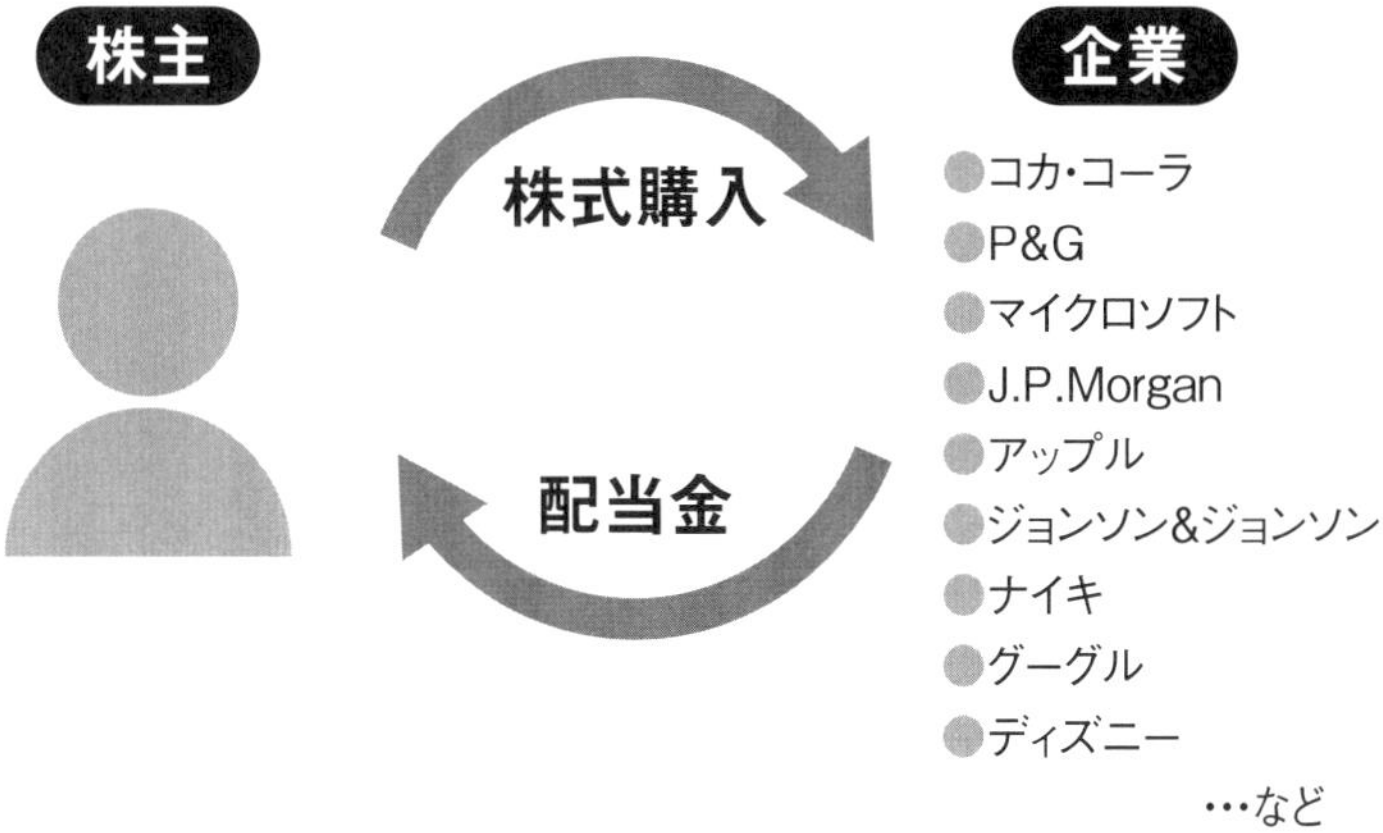

から「配当」という形で株主に一部資本が還元されます。

配当とは、企業が株主に利益を分配することをいい、株主が保有する株数に比例して分配されます。

この「配当を多く出す企業の株式」が、高配当株です。では、配当金という存在は、株主にとって何が良いのかを解説します。

配当金のメリット・魅力①：手間がかからない

定期的な不労所得・キャッシュフローである配当金は、何せ手間がかかりません。

配当を出す株式を一度保有しさえすれば、その企業が企業活動を続け、利潤を生み出す限り、その利潤が株主に還元されます。その際に、企業の株主資本部分から私たち株主へ資本の移転（配当金の払い出し）が行われます。そして自動的に証券口座に税金が引かれて入金されます。

配当金について留意しておきたいこと

ただし気を付けておきたいのは、配当金というのは打ち出の小槌ではなく、あくまで企業の株主資本部分から株主へと資本が移転する動きだということです。理論上は配当金が吐き出される分、企業の株主資本が減るため、理論株価も同程度下がることになります。したがって、湯水のように新しい価値として配当金が湧き出てくるわけではないということです。この点は、高配当株投資をする際に押さえておきたいポイントです。

いずれにしても、配当金が振り込まれることで定期的なキャッシュフローが生まれるわけですが、本当に手間がかかりません。不動産投資や太陽光発電などのハードアセットによる収入と比べても、**株式というペーパーアセットから生じる配当金は、最も手間がかからない所得です。**米国株ならば主に四半期ごとに、日本株ならば主に半年ごとに振り込まれます。銘柄を組み合わせることで、毎月配当金という不労所得・キャッシュフローを得ることも可能です。人生の時間は有限ですから、**人生における「時間」という貴重なリソースを多大に割かずとも、キャッシュフローを得られるのは、大きな魅力です。**

配当金のメリット・魅力②：再現性が高い

配当金のメリット・魅力の2つ目として、再現性が高いことが挙げられます。

デイトレードなどの短期取引やスイングトレードといった中期取引によって株式の値上がり益を狙う方法の場合、購入タイミングや売却タイミング・銘柄選定など個人の力量に決定的に左右されます。一方、**定期的に株式（私の場合は高配当株・連続増配株）をひたすら購入していけば、配当金は応分に積み上がっていきます。**1株よりも10株、100株よりも200株と株式を購入していくことで株数が増え、受取配当金も増えていきます。よって、配当金を積み上げること自体の再現性は非常に高いです。私自身、この手法を継続してきた過程で、そう実感しています。

多数の銘柄で減配（配当金が減らされること）がなされる等の状況はまれに起こる可能性はありますが、後述する米国の「連続増配株」に分散投資することで、減配リスクを一定程度は減らせることが期待できます。
先に28ページのグラフで示した私の配当収入の推移が示唆する通り、当人の収入により、配当金額の増加スピードに違いはあるにせよ、毎月給与から一定額を株式購入に充て続けていれば、配当収入は（保有銘柄が軒並み大幅な減配等でもない限り）、高い確度で着実に積み上がっていきます。

また、後ほど紹介する「ＶＹＭ」「ＨＤＶ」「ＳＰＹＤ」など米国高配当株ＥＴＦであれば、低水準の手数料で分散がなされており、個別銘柄選定や各社の決算確認等の手間も不要なため、株式投資にあまり馴染みのない方も含め、幅広い層の方々にとっても取り組みやすい投資対象です（ただし、高配当株ＥＴＦにも、減配リスクはあります）。

配当金のメリット・魅力③：不労所得の可視化になり、経済的自由の達成具合が明瞭

配当金のメリット・魅力の３つ目は、**配当金という不労所得が可視化されることで、「生活費の何％が配当金でまかなえるのか」という経済的自由の達成度を、客観的に数値ではっきりと把握できることです。**月の配当収入が10万円で、生活費が20万円ならば、経済的自由の達成具合は50％

です。

配当金という不労所得が月々の生活費を上回れば、語義の上での経済的自由は達成されます。

ちなみに、**「配当金＞生活費」という図式が成立すれば、余った分を株式購入に充てることで、配当金をさらに増やすことが可能になります。**この循環を作り出せば、自己増殖的に配当金が増える段階に入ります。**この段階にいつ到達できるのかが、資本主義を生きる私たちにとって1つの大きな分岐点ですから、意識しておきたいところです。**

配当金のメリット・魅力④：出口戦略を考える必要性が基本的に生じない

配当金というのは、含み益などの未実現利益とは異なり、確定利益・実現利益です。配当を吐き出す形で、その都度現金化され、キャッシュフローが生まれるため、ある種の利益確定になります。配当という形で現金化されるため、人生設計によるものの老後を迎えるまでは「いつ売却して現金化するのか」という出口戦略を考える必要性が基本的に生じません。

つまり、先述の通り配当が吐き出されるたびに現金化（＝利益確定）されるため、近い将来における現金化（＝株式売却）を想定する必要がそもそもありません。そのため、たとえ短期的に株価が下がっていても、目先の株価の上下に着目して売却タイミングを計る必要性がなくなります。これは心穏やかに長期投資をしていく上で、重要な点です。

配当金のメリット・魅力⑤：時間と共に積み上げることができ、相場局面に関わらずモチベーション維持になる

人間がモチベーションを維持したり、精神面での充実や心地よさを感じたりするのに大切なのは、**時とともに成長を感じることです。**

今日より明日、明日より明後日が良くなる。

このような確信や自信を持てる日々というのは、生活に彩りを与えます。日々成長を感じるには、数値で客観的に変化を把握することが適しています。その際に、株式を購入するたびに積み上げることができる配当金は、時とともに成長を感じやすいです。なぜなら、配当金という数値でその成長を可視化して、その額をさらに積み上げることができるからです。

投資を続ける際に肝になってくる局面は、市場全体が下落する時です。なぜなら、下落局面では、保有する株の下落や含み損に対して心理的に耐えられず、市場から自ら退場してしまいやすいからです。

無配株（配当を出さない株）への投資も立派な1つの投資手法ですが、相場低迷期には試練です。「下落する株価にともなって減少する資産」ばかりに着目することになりやすく、好ましい精神状態をもたらしません。対して、下落局面において、配当を出す株や配当金の重要性は増します。

なぜなら、配当金という定期的なキャッシュフローがあれば、**配当金それ自体が「下落局面でも買い増しする原資」にもなるからです。株価が上がれば資産額が増えて嬉しいですし、株価が下がれば安く買うことで配当金を多く増やせるので嬉しいという両面があります。**このように、相場局面に関わらず良い面を見いだすことができる点は、心理面でも、次なる上昇相場へのアクセルという意味でも非常に大きいです。

成果が目に見えてわかりやすく、心地よく投資を続ける上で向いているのは、「日々変動する株価や資産」よりはむしろ、「株式の購入が増えれば増えるだけ、増加していく配当金」を積み上げていくことなのです。

●累計受け取り配当金の推移

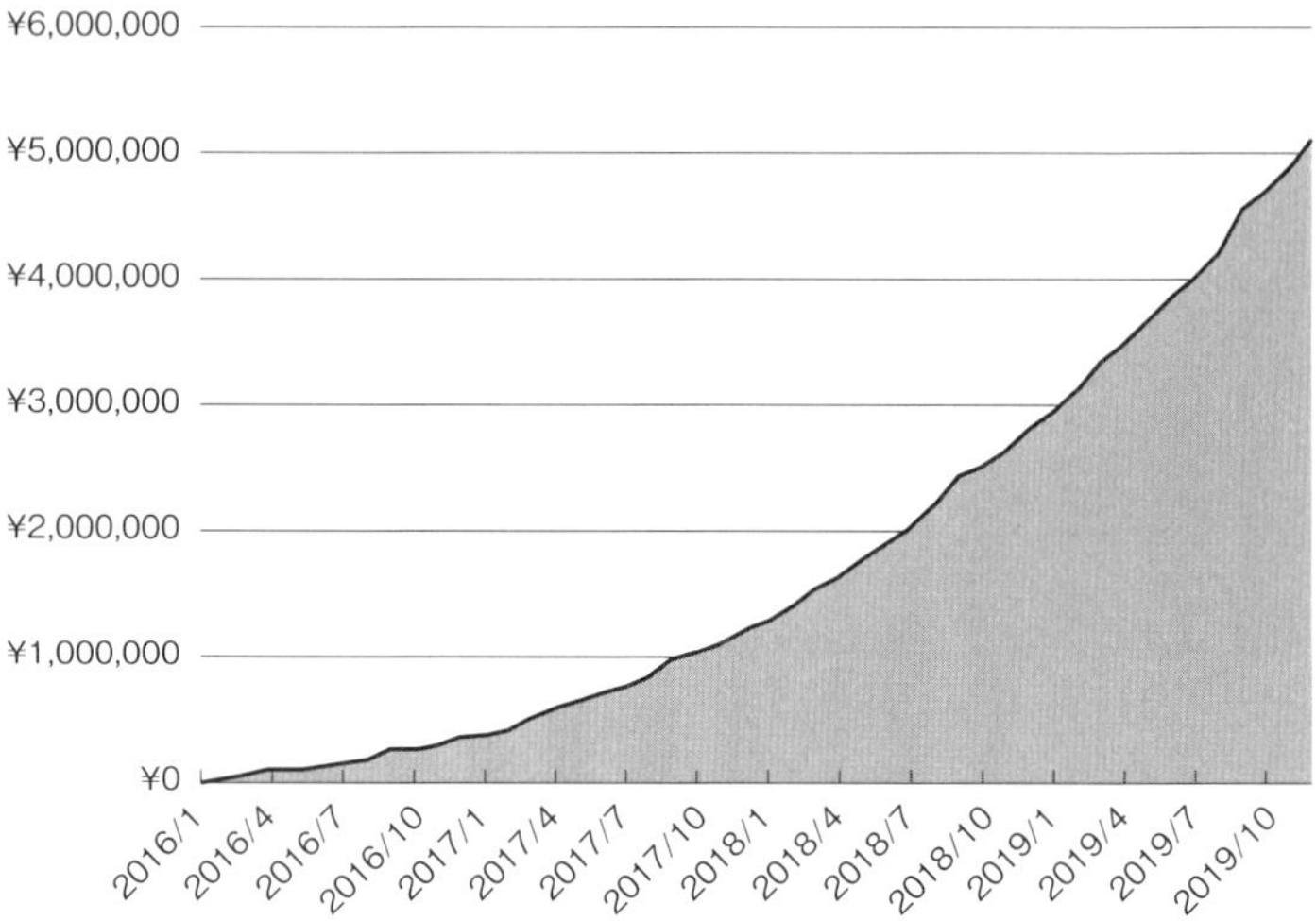

上のグラフは、２０１６年1月から集計し始めた、筆者の税引後の累計受け取り配当金額です。累計受け取り配当金というのは見ていて気持ちが良いものです。なぜなら、当たり前ですが「積み上げていくことができる」からです。

増えることはあっても、減ることはありませんから、**株式投資を続けていく上で精神面での仕組みとしては非常に適しています。**優良銘柄を保有し続け、購入・再投資していけば、受け取り配当金は増えますし、頻繁な売買で手数料分リターンが下がることも避けられます。

長期で何かに取り組む際には、自分にとって心地よい仕組みづくりをすることが肝要だと思います。そして、その心地よい仕組みづくりとは、目に見える形で配当金を積み上げていくことなのです。

配当金のメリット・魅力⑥：モチベーション維持により、長期投資が可能になる

株式投資はFXなどのゼロサムゲームと異なり、プラスサムゲームです。**プラスサムゲームである株式市場の恩恵を最大限享受するには、長期的に市場に居座り続ける（＝長期的に投資し続ける）ことが必要です。**

ここで言うゼロサムゲームとは、「プレーヤー（市場参加者）全員の損益合計がゼロ」という状態を指します。つまり、「誰かが儲かれば誰かが損をするような取引」がゼロサムゲームです。対してプラスサムゲームとは、「プレーヤー（市場参加者）全員の利益合計が、投資額に対してプラスになる」ことを言います。つまり、みんながハッピーになりやすい環境ということです。「自分の身を置くに適した環境を選ぶこと」は、投資においても重要です。

株式投資の期間が長いほど、「運用で得た収益を再び投資することで、収益が収益を生んでふくらんでいく」という複利効果が高まることに加え、元本割れのリスクが下がり、リターンがプラスに収れんしていく傾向があります（詳しくは次章で解説します）。

これまで述べた通り、配当金は相場局面に関わらずモチベーションの維持になります。そのため、**長期投資を心地よく継続する際にも配当金の存在が重要になってきます**。そして、その長期投資のメリットとは、リターンがプラスに収れんする傾向があるということです。

配当金のメリット・魅力⑦：ほかの生き方をする選択肢が増え、そのハードルが下がる

特に会社員時代に事あるごとに感じたのが、この魅力です。

経済的に他者に依存すると、他者に左右され、他者の顔色や動向をうかがう必要が生じます。つまり、主体的に人生を描くハードルが上がります。**しかし、生活費を上回る配当金があれば、会社に経済的に依存しておらず、いつでも別の生き方ができることも意味します。**

サラリーマンを続けるにしても、経済的に会社に依存していないことは、精神面で大きなメリットがあります。私の会社員時代においても、「配当金を積み上げることで、一歩一歩着実に経済的自由に近づいている」という実感が、大きな心の支えにもなり、精神面で多大なメリットを感じました。サラリーマンを続けるにせよ続けないにせよ、**配当金という給与とは別の収入源・キャッシュフローがあるのとないのとでは、人生の展望・考え方・生き方・心のありように至るまで大**

きく変わってきます。

配当金のメリット・魅力⑧：月々のキャッシュフローが読みやすい

セミリタイア後に実感しますが、**配当金という定期的な不労所得・キャッシュフローは、セミリタイアという生活スタイルに極めて適しています。**

なぜなら、配当金という月々のキャッシュフローが読みやすいからです。リーマンショックやITバブル崩壊といった金融市場における重大事を経ても減配しなかった連続増配企業が、米国には数多く存在します。それら連続増配株からの配当金は、今後も継続して得られる可能性が比較的高いキャッシュフローとして見込めます。

私は年末が近づくと、翌年の配当収入の見込みを算出しますが、予想と実績の乖離は非常に小さいです。毎年増配が行われる保有株式も多いため、むしろ予想より多くなるぐらいです。月々の収入を予測・算出しやすいと、生活設計がしやすくなります。

サラリーマンからの給与収入が断たれたとしても、配当金という形で「計算できる収入」が存在することは、生活設計をする際にも多大なメリットになります。

配当金のメリット・魅力⑨：配当利回りが、株価下落の際にクッションになることがある

常にそうなるとは限りませんが、配当金が存在することで、特に一部の高配当株・連続増配株において、株価下落時の一定のクッションになることもあります。

つまり、配当を出す株、中でも高配当株は、株価が比較的下落しにくい局面があります。実際に、２０１７・２０１８年の下落局面においては、インフラ系企業グループの高配当株がその特長を顕著に発揮しました。

ただし、あくまでこの特長が当てはまる局面・銘柄もあれば、当てはまらない局面・銘柄もあるため、単に配当利回りが高いという理由だけで投資して良いわけではありません。

とはいえ、配当利回りが一定の反発目安になるケースがあることから、買い時の参考指標の1つになることもあります。

▼配当金のメリット・魅力まとめ

以上述べてきた通り、配当金には多大なメリット、そして魅力があります。

1. **手間がかからない**
2. **再現性が高い**
3. **不労所得の可視化になり、経済的自由の達成具合が明瞭**
4. **出口戦略を考える必要性が基本的に生じない**
5. **時間と共に積み上げられ、相場局面に関わらずモチベーション維持になる**
6. **モチベーション維持により長期投資を可能にさせる**
7. **ほかの生き方をする選択肢が増え、そのハードルが下がる**
8. **月々のキャッシュフローが読みやすい**
9. **配当利回りが、株価下落時の一定のクッションになることがある**

いずれのメリット・魅力も、過去から現在に至るまで私が強く実感するところです。そして、この配当金というものを多く出す企業の株式が、高配当株です。そして、長期間配当を増やしている企業の株式が連続増配株です。だからこそ私は、「高配当株・連続増配株をひたすら買い続ける」というスタイルを一貫して採り続けてきました。

●S＆P500における配当再投資の有無によるトータルリターンの違い（1980年1月〜2020年2月）

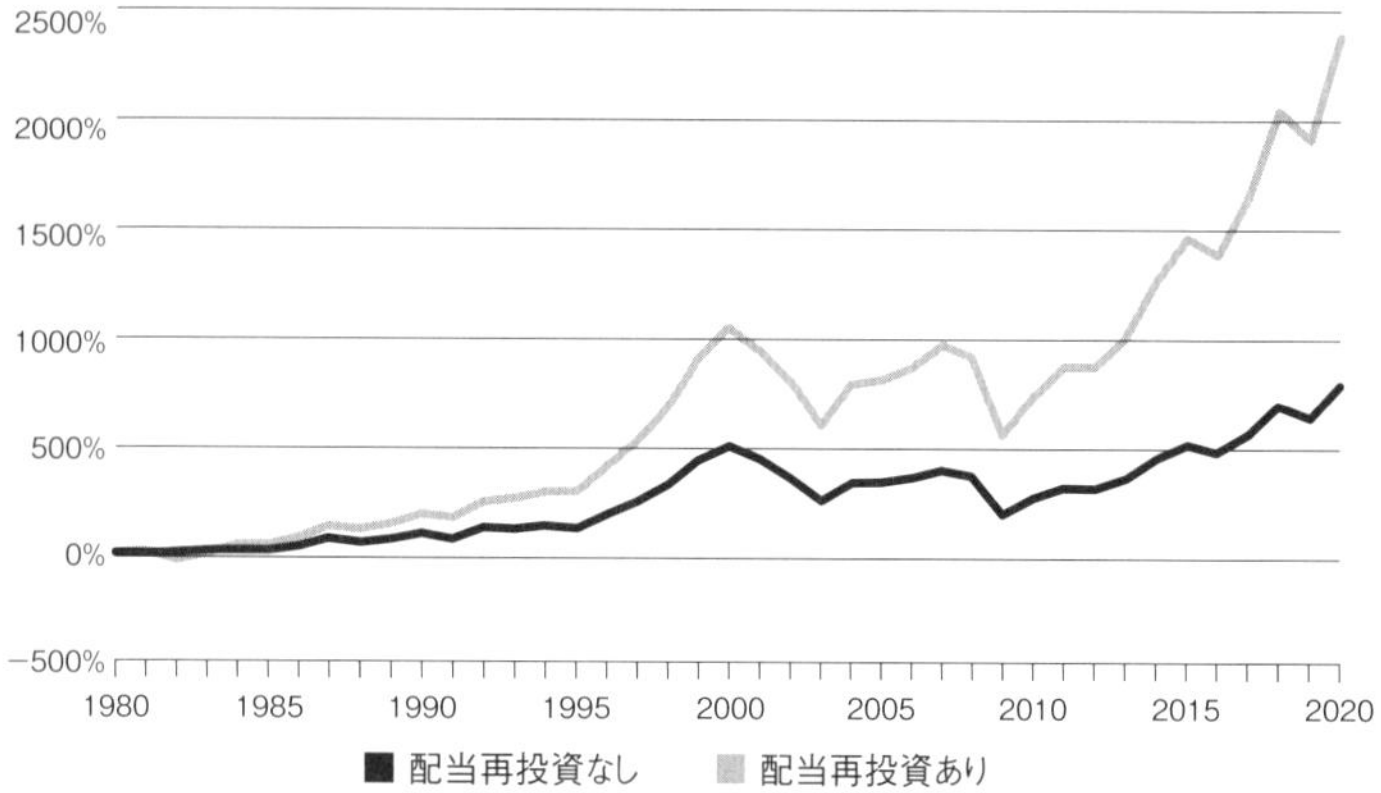

▼配当を再投資するかしないかは価値観次第

ここまで配当金のメリット・魅力について述べてきましたが、配当を再投資することによるリターンへの影響について触れておきます。配当を再投資するのか、再投資しないのかは投資家の価値観・スタイルによって異なってきます。

上のグラフは、1980年1月〜2020年2月におけるS&P500における配当再投資の有無によるトータルリターンの違いを示したものです。S&P500とは、主要上場市場が米国の取引所（ニューヨーク証券取引所、NASDAQ等）の米国企業のうち、大型株から選ばれた500銘柄で構成された指数で、アメリカの代表的な株価指数のことです。TOPIXの米国版だと思ってもらえればいいでしょう。

配当は資本の払い戻しなので、追加的な収益ではありません。配当を再投資せずに取り崩すと、グラフの通り長期的にはリターンを損ないます。そのため、現在の消費に充てるより将来の資産を最大化したい人は、再投資を行って常に資本を市場に投入しておくことが適しています。逆に、将来的なリターンよりも今現在の消費や体験にお金を使いたい人は、配当を再投資せずに使うことも一案です。

つまり、配当を再投資するか否かは、その人の価値観次第ということです。

株価に一喜一憂せず、上がっても下がっても売らない

株式投資のプラスサムゲームを最大限に享受するには、市場に長く居続けることが必要です。

株価に一喜一憂していると、冷静な判断を下せず、狼狽《ろうばい》売りに繋がって途中で自らプラスサムゲームから降りてしまいそうになることがあります。そのため、株価に一喜一憂せず、長期投資を続けることが肝要です。

▼長期投資をする上で含み損は不可避

株式投資には、リターンが期待できる反面、リスクもあります。特に投資家にとって嫌なことの1つは、保有株式の下落により、「含み損」という「時価が取得価格を下回った局面」ではないでしょうか。市場には、上下動があり、上昇と下落という波が幾度となく寄せては返し、株価推移が形成されていきます。よって、長期投資をしていく上で自身が保有する株式が一定期間含み

損になることを避けるのは困難です。

一方、人間には、含み損を抱えると、**「もっと株価が下落して大損してしまうのでは……」**という恐怖に駆られる心理が存在します。含み損を抱えた初期は「まだ反転するかもしれない」と気丈に思いつつも、含み損が拡大してくると、「さらに株価が下がって、大損するかもしれない。今損失を確定させた方がまだマシかもしれない……」とこんな風に考えがちです。そして、損失を確定させると、結果的に奏功する場合もありますが、「結局損失確定させた局面こそが大底だった」ということも多々あります。私もFXでありました。

▼最も避けたい行動は、狼狽売り

株式投資を行う上で最も避けたい行動は、安値で狼狽売りしてしまうことです。値動きに一喜一憂していると、値の調子がよい時（=高値）に購入し、値の調子がわるい時（安値）に売ってしまう、という最悪の行動に繋がる危険性が高まってしまいがちです。

ただこれは人間の心理上、陥りやすい行動であり、特に投資を始めたばかりの時期は、頭ではわかっていてもついついしてしまう行動かもしれません。

なぜなら、株価が上昇している時は、

「これだけ上がってきたのだから、もっと上がるかもしれない」

「もっと早く買っておけばこれだけの利益が上がっていたのに、買わなかったからその機会を逃した。今からでも買わないと」

などと思いやすく、高値で購入するパターンがあります。

そして、株価が下落している時は、

「こんなに下がるなんて……、どんどん資産が減っていく。このまま保有していると、さらに減って最悪資産がほとんどなくなるかもしれない……」

「今ここで売っておけば、さらに下がった時に買い戻すことで、利益も狙えるぞ」

などと考えやすく、売却に至るパターンがあります。

このような心理メカニズムが働くため、株価に一喜一憂していると、「値の調子がよい時（＝高値）に購入し、値の調子がわるい時（安値）に売ってしまう」という好ましくない投資行動に繋がる危険性が高まってしまいます。

ですから、株価の上下に振り回されることなく、泰然と保有し続けることで、長期投資のメリットを享受することが肝要です（ただし、業績が継続的に悪化しているような長期保有に適さない企業の株式等は除きます)。

▼長期投資のメリットとは

さらに、別の角度から、長期投資の優位性を探ってみたいと思います。長期投資のメリットを示す具体的なデータを米国株・日本株それぞれで見てみましょう。

【日本株】投資期間20年以上で元本割れリスクが消失するケース

61ページの上のグラフは、1966~2005年における東証1部上場の時価総額による加重平均収益率のブレ幅を表しています。要するに、**投資期間ごとに「リターンが最も良かった年のリターン」と「リターンが最も悪かった年のリターン」のブレ幅です。**

1年間だけ投資した場合、年によってはプラス72・1%のリターンを得られる年もあれば、マイナス24・8%のリターンとなる年もありました。

ところが投資期間が20年になると、1年あたりのリターンは年によってはプラス20・5%、リターンが最も悪くなる投資時期であっても4・4%のプラスとなり、どの年であっても元本割れするケースがなくなりました。

このように、**投資期間が長くなればなるほど、最低リターンと最高リターンのブレ幅も収れんしていき、リターン幅が安定していきます。**

【米国株】投資期間15年以上で元本割れリスクが消失するケース

次のページの下のグラフは1988～2016年における、投資期間別の米国株（S&P500）の年率リターンのブレ幅です。米国株においても、日本株と同様に投資期間を長くとればとるほど、リターンの散らばりが収れんしていきます。そして、投資期間が15年を超えると最低ケースのリターンでも＋1・7%となり、元本割れするケースが消失します。

このように、**市場に長く居座り続ければ続けるほど、応分のリターンが期待できるのが株式投資です。**そして、長期投資を継続するのに適した仕組みの1つとして、配当金を多く出す高配当株や、配当金を増やしてきた連続増配株が挙げられます。そして、株価に一喜一憂しないことが大事なのです。

●【日本株】20年投資で元本割れリスクが消失

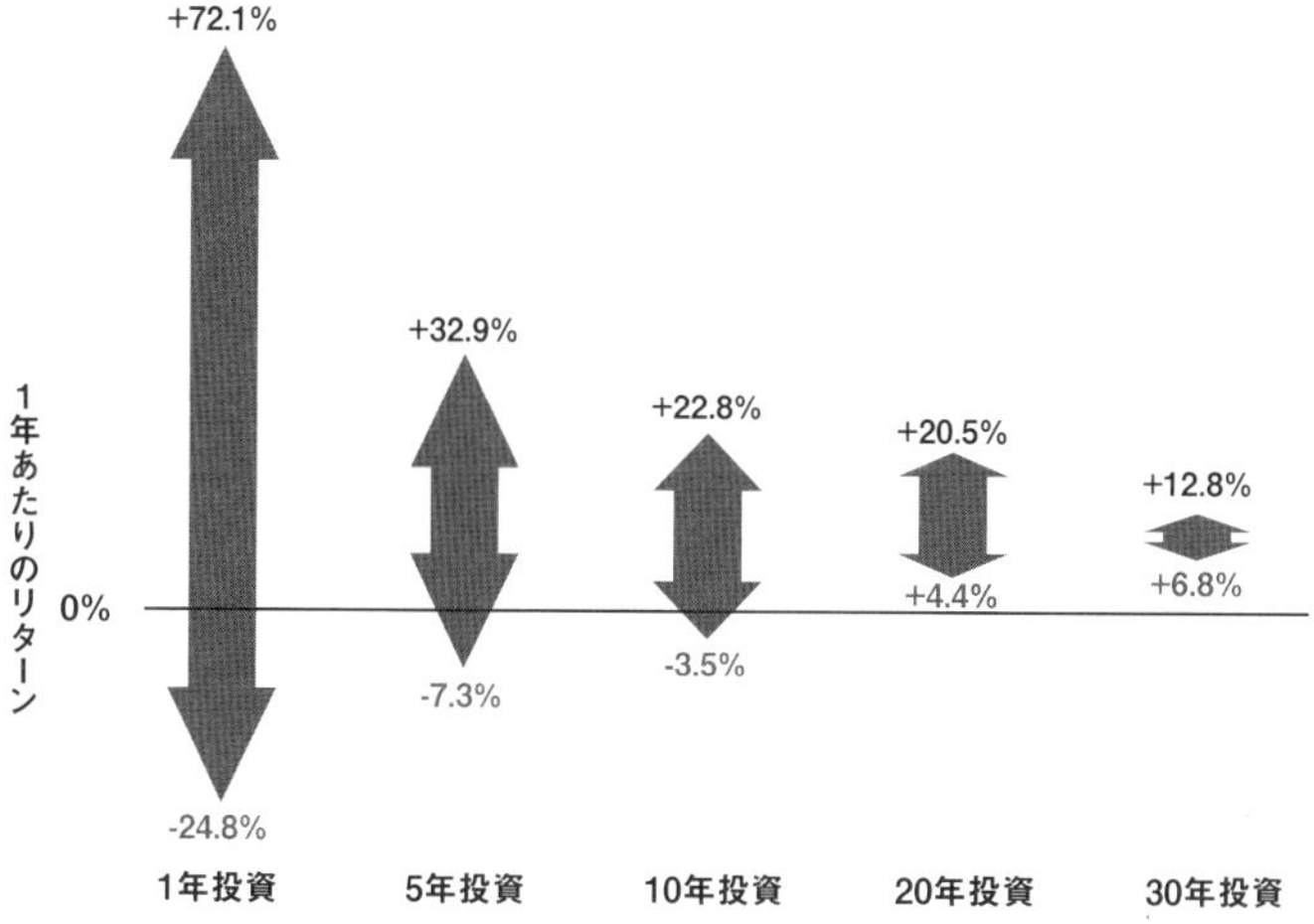

●【米国株】15年投資で元本割れリスクが消失

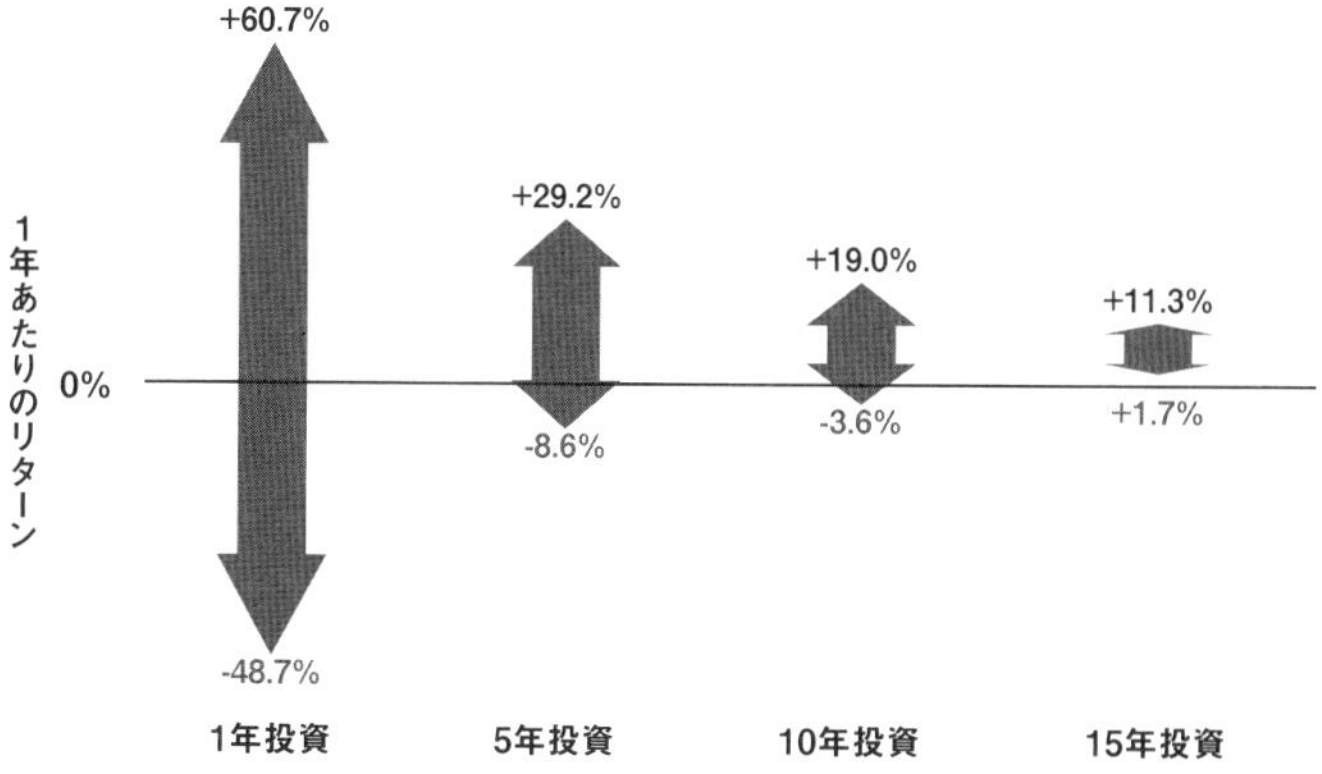

株価が暴落した際に、思い出すべきこと

株式投資は良いことばかりではありません。金融危機や不景気、戦争や災害、パンデミックなどで株式市場全体が大きく下落することもあります。例えば、左の表はリセッション（景気後退期）およびキューバ危機（戦争リスク）、ブラックマンデー（金融危機）という不景気と、特殊な事象における、米国株の株価との相関性を示した表です。

これらの局面における株価下落率は平均すると約30％です。リーマンショックの時期にあたる2007年4Q《クォーター》（第4四半期）から2009年2Q（第2四半期）では、株価が57％下落しています。

つまり、私たち投資家は、保守的に見積もるのであれば、「**30％～60％程度の暴落はいつなんどきも起こり得る**」という意識で市場に臨みたいところです。私はFXでの経験上、市場に臨む際

景気		株価		
山	谷	天井	底	下落率
1948 4Q	1949 4Q	1948年6月15日	1949年6月13日	-21%
1953 2Q	1954 2Q	1953年1月5日	1953年9月14日	-15%
1957 3Q	1958 2Q	1956年8月2日	1957年10月22日	-21%
1960 2Q	1961 1Q	1959年8月3日	1960年10月25日	-14%
1969 4Q	1970 4Q	1968年11月29日	1970年5月26日	-36%
1973 4Q	1975 1Q	1973年1月11日	1974年10月3日	-48%
1980 1Q	1980 3Q	1980年2月13日	1980年3月27日	-17%
1981 3Q	1982 4Q	1980年11月28日	1982年8月12日	-27%
1990 3Q	1991 1Q	1990年7月16日	1990年10月11日	-20%
2001 1Q	2001 4Q	2000年3月24日	2002年10月9日	-49%
2007 4Q	2009 2Q	2007年10月9日	2009年3月9日	-57%
キューバ危機		1961年12月12日	1962年6月26日	-28%
ブラックマンデー		1987年8月25日	1987年12月4日	-34%

に「貪欲」な心理状態でいると負けやすくなると感じました。市場の動きは読めないからこそ、おごらず・油断せず・謙虚に、市場と向き合うことが大切だと思います。ですから、何かデータを見積もる際は、保守的に見積もることを勧めます。

経済とは、人間の営みそのものを映す1つの鏡です。人為的な要素が経済に関与している限り、需要と供給のズレが永遠に起こらないということはありません。景気にはサイクルがあり、終わらない好景気はなく、終わらない不景気もまた、ありません。

景気後退期に陥れば、上の表で示した

通り、株価は大幅に下落することは覚悟しなければなりません。

以上のような過去の暴落事例・株価との相関性は、まず認識しておきたいところです。

▼相場低迷期が10年以上続くこともある

ここまで、株価の下落率に焦点を当ててきました。次は下落する期間、あるいは低迷する期間に焦点を当ててみましょう。下落期あるいは低迷期が長期間に渡って続くこともあるのが、株式市場です。

長期間に渡って力強い上昇を遂げてきた米国株ですが、1995〜2013年における株価指数「S&P500」の推移を見てみると、様相はやや異なります。

例えば、2000年頃の株価を見ると、その後、同じ水準の株価を回復するのに約7年かかっていることになります。さらにそこからリーマンショックによる暴落があり、次にまた元の水準の株価を回復するのに6年ほど要しています。つまり、購入するタイミングによっては、約13年間にわたって、株価が低迷する時期が存在するということです。

こういったリスクに対処する方策の1つとして、一定の時期に一括で資金を投入して株式を購

●S&P500の推移（1995～2013年）

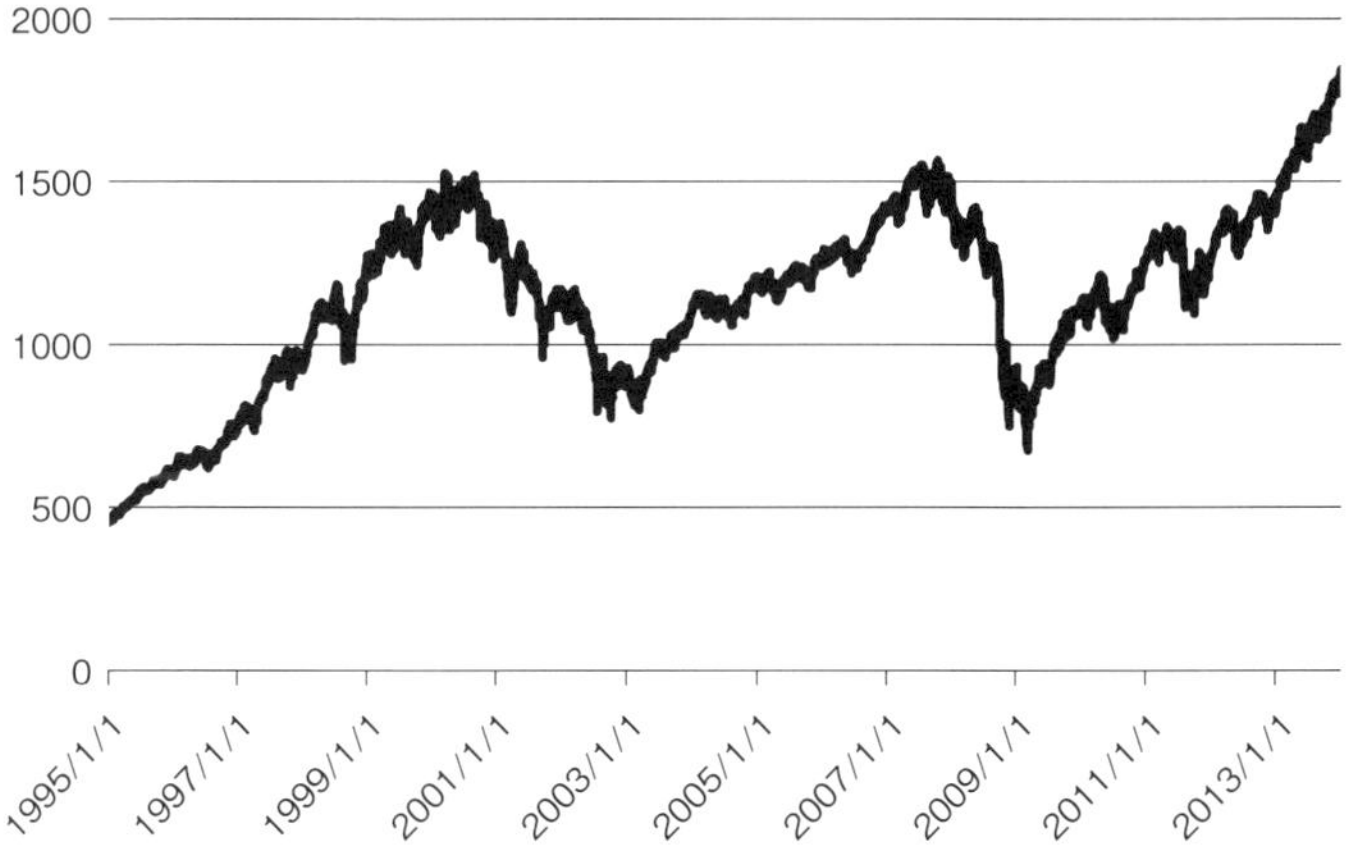

入するのではなく、「購入時期を分散させる」ことが挙げられます。例えば毎月購入するなどして購入時期を分散することで、購入タイミングによるリスクを平準化・分散するという手法です。「一括資金投入」か「購入時期分散」か、という投資手法のメリット・デメリットについては、後段で詳しく述べます。

▼株価暴落時こそ 長期投資家が採るべき方策とは

このように過去大きく下落することもあった米国株式市場ですが、さらに認識しておきたいこととして、「株価が低迷・下落した時こそ、淡々と株式を購入しておきたい」ということです。

株価が下がれば、相対的に安く株式を購入できるため、同じ資金量で購入できる株数は増えます。

100ドルで株価20ドルの株は5株購入可能ですが、株価が10ドルに下がれば10株購入可能です。株数が増えれば、受け取る配当金も増えます。

景気後退に伴い、業績低迷によって配当が減らされる「減配」という現象が起きれば、受け取る配当金は減ってしまいます。しかし、幾度の景気後退にも関わらず、配当を増やしてきた歴史を持つ連続増配銘柄であれば、そのリスクは比較的低いと考えられます。もちろん、今後も永続的に配当を増やしていけるかは定かではありませんが、暴落時に淡々と株を購入する価値はあると私は思います。

相場低迷期は心理的に株式を買いづらいと思います。なぜなら、「もっと下がるかもしれない」という恐怖を感じるのが人間心理だからです。しかし相場低迷期こそ株数を増やし、次なる上昇相場でリターンを最大限享受するチャンスです。株価低迷期に積極的に買いに向かう姿勢こそ長期投資家にとってめざしたい姿であり、リターンを上昇させる大きな要因となります。その意味では、毎月一定額で株式を機械的に購入する投資手法は一定の合理性があります。なぜなら、「もっと下がるかもしれない」という恐怖と関係なく、機械的に株式を買い増すことができるからです。

そして、そのような相場低迷期における一部の高配当株の株価は、配当利回りが上昇することでクッションになることもありますし、配当金も使って株式を買い増していくことで、配当金をさらに増やしていくことも可能になります。後述する高配当株ETFや、業績が堅調な企業にかぎりますが、「下落局面をチャンスに変えやすい」、そして「心理的にも心地よく続けやすい」、それが高配当株の大きな魅力でもあります。

そのような高配当株の性質も背景に、実際に2000年代にS&P500が下落する中、高配当株式は堅調な値動きを示したデータも見られます。

●米国の景気後退を控えた時期における資産別リターン

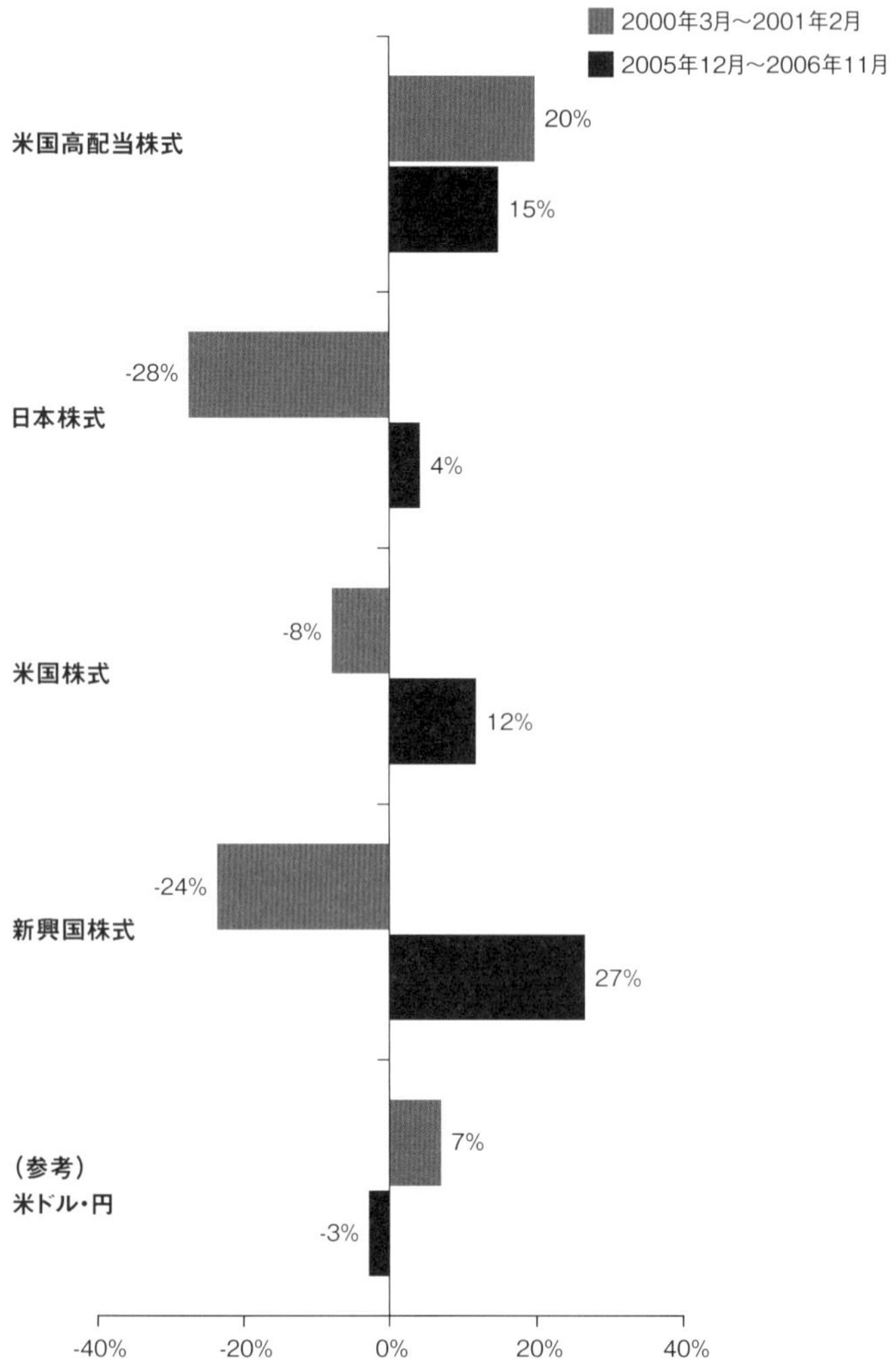

（価格:現地通貨ベース。参照指数:TOPIX、S&P500、MSCI USA High Dividend Yield Index、MSCI Emerging Markets Index）

資産形成の基礎は、支出の最適化（節約）にあり

何事においても「基礎を徹底すること」が極めて重要だと私は思っています。受験勉強も基礎の理解なしに類題や応用問題は解けませんし、中国語もピンイン・発音・声調という基礎を徹底しないと、語彙を増やしたところで似たような発音が多いため相手に通じません。

資産形成する際に重要な核心的要素は、次の2つに集約されます。

1.「収入－《マイナス》支出」の最大化
2.運用利回りの最大化

このうち、資産を形成する際に徹底すべき基礎とは、**「収入－支出」の最大化です。**私が20代で資本を蓄積する際に一貫して腐心してきたことは、この「収入－支出」の最大化という基礎の

徹底に尽きます。

自らの労力を何かに割く際に気をつけたいのは、労力を割く対象が「自分でコントロールできる性質なのか否かを見極める」ことです。なぜなら、自分がコントロールできない領域に多大な労力を割いても、期待した効果が得られない可能性があり、投下した労力に見合わない結果に終わるケースが出てくるからです。

▼運用利回りは、外部環境や当人の力量に大きく左右されてしまう

資産形成において、運用利回りを上げるに越したことはありません。**しかし運用利回りを上げるには、自分でコントロールできない領域があります。**なぜなら、相場という外部環境や、銘柄に対する目利き力や企業分析など、当人の力量に強く影響を受けるからです。つまり、**運用利回りを上げることに再現性を期待するのは難しいのです。**

対して、節約や支出削減という「支出の最適化」は自分が主体的にコントロールできる領域であり、再現性を見いだすことができます。そのため、節約を自身がストレスにならない無理のない範囲で実践すれば、確実に効果が生まれますし、資産形成に寄与します。

▼「節約」？ いいえ、「支出の最適化」です。

ここでまず、「節約」に関して、私の考えを述べさせて頂きたいと思います。「支出の最適化」とは俗にいう「節約」という言葉に近くなりますが、私はこの「節約」という言葉が、どうもしっくりきません。「節約」って、響きがケチ臭くないですか？(笑)「若い時は節約なんてケチ臭いことをするな」なんていう言説もあるぐらいですから、どうもネガティブなニュアンスがゼロではない気がします。そこで、**「節約」というより、「支出の最適化」というワードを提唱したいと思います。**

私は言霊というものは確実に存在すると思っていて、ネガティブな意味合いを帯びた言葉を使っていると、気持ちや人生にまでマイナスな作用をもたらすと考えています。**私の中で「節約」や「倹約」って、何も「雑巾を絞って絞ってカラカラになるまで我慢して支出をカスまで搾る」というイメージではなく、「自分の価値観や夢・目標に照らし合わせて、金銭に関わる経済行動を適切に取捨選択する」**ことを指します。はい、非常に前向きです。

そもそも節約というのは、決して「自分の将来可能性を狭める行動」ではありません。むしろ自分の将来可能性までのロードマップを適切に踏んでいく上で必要な作業です。
この、本来は前向きな行動である「節約」に、さらに前向きなイメージを持たすべく、「**支出の最適化**」というワードの方がしっくりきます。「最適化」なので、個々人に適した意味合いを帯び、語義上も過度な節約という意味合いは含まれません。

価値観は人によって異なりますから、杓子定規に何でもかんでも節約すれば良いというわけではありません。家族や友人とのひとときは大事ですし、交際費を源泉として思いがけない出会いもあるかもしれません。各人によって、使いたい費目は異なりますから、個々人の価値観に合わせて「支出を最適化する」ということですね。

▼支出の削減は、同額の利潤を得るより遥かに簡単。セミリタイアにも適している

「節約」や「支出の削減」というのは、大いに可能性と効果を秘めています。**家賃や通信費など毎日かかる固定費を削れば、その後も継続的に支出を減らす効果が続くからです。新たに所得を生み出すより、遥かに費用対効果の高い性質があります。**

例えば利益率が5％の事業で1万円の所得を追加的に生み出すには、20万円の資本が必要です。1万円の節約より労力を要すること、想像に難くないと思います。

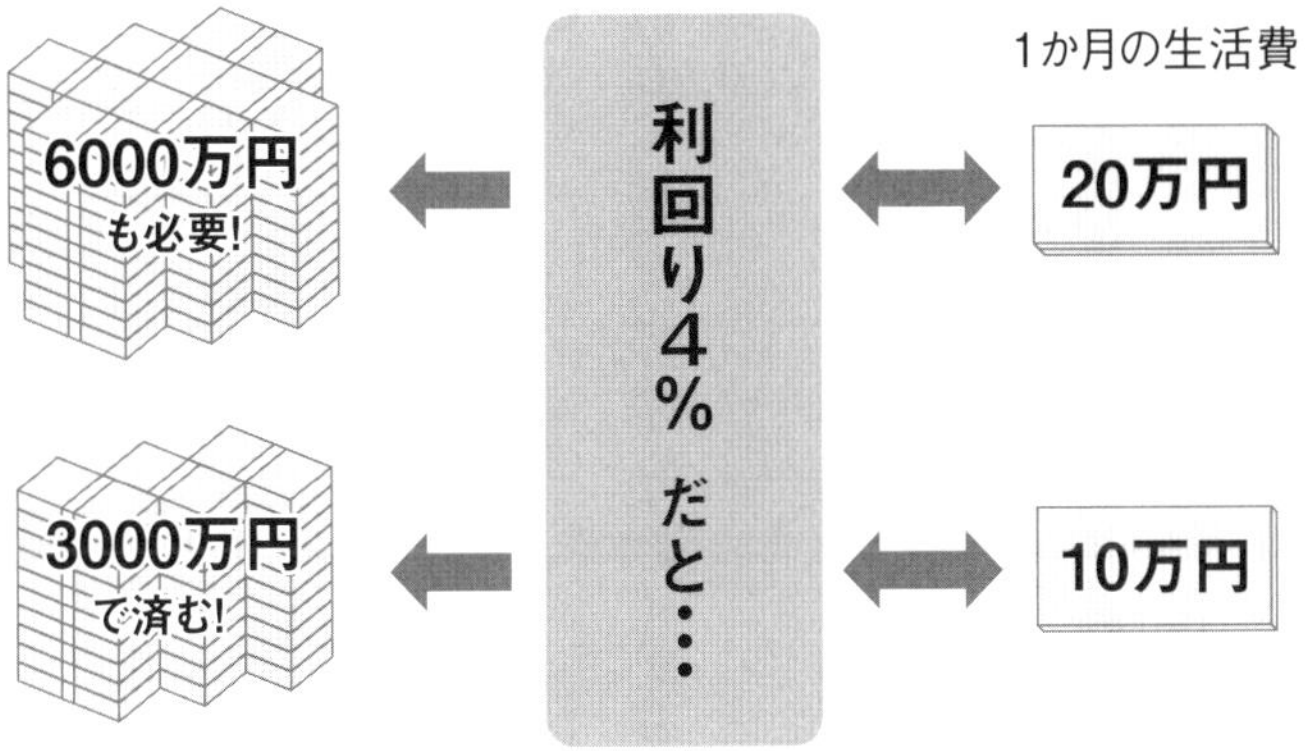

同様に節約は、「配当金生活」や「配当金収入をベースとしたセミリタイア」の実現ハードルを大きく下げるものです。生活費が月20万円なら税引後配当利回り4％ベースで6000万円の資産が必要ですが、月10万円なら3000万円で済みます。

この差額3000万円を労働収入で得るには、多大な時間を要します。年間貯蓄300万円の人でも10年かかります。ですから、**セミリタイアやアーリーリタイアを目指すにあたっては、余程の資産がない限り、支出の最適化は必須事項と言えます。**

お金というのは、よほどのずば抜けた高収入の方でもない限り、意識しないと貯まりません。そして投資や労働で1円を稼ぐのも、節約によって支出を1円下げるのも、個人資産に与えるインパクトは同じ1円です。もっと言うと、収入を増やすと課税所得も増えますが、支出の削減には税金が生じません。**収入を1円増やすには相応の労力が必要ですが、支出を1円減らすには、心がけや知識・発想次第で容易に可能です。**

節約というのは、何も辛い苦行ではなく、発想や工夫次第で楽しくゲーム感覚で行うことができるものです。私は一時期の高消費生活を経て倹約に見覚め、給与の8割を株式買い付けに回すという鉄の方針を貫いてきたわけですが、経済的自由を達成する際に、「支出を最適化する」ことは、必要不可欠だったと言えます。

▼私が編み出した支出最適化15選

たとえば、私がゲーム感覚で楽しみながら支出削減に寄与したものとして、次のようなものがあります。

①ペットボトル飲料を買わず、水筒持参
②たばこを買わず、たばこ株を買え
③飲み物は白湯でOK
④デートは、公園で手作り弁当ピクニック

⑤書籍は図書館利用（新刊は予約）
⑥会社の飲み会は必要最低限
⑦株主優待を活用すべし
⑧散髪はセルフカットか、1000円カット
⑨携帯は格安SIM
⑩プールやジムは公共施設を活用
⑪コンビニでの買い物は避けよ
⑫買い物カートは使わない
⑬支払いは現金ではなくクレカで
⑭保険には入らない
⑮階段は資源

これらの支出最適化について1つずつ説明していきましょう。

①ペットボトル飲料を買わず、水筒持参

もうペットボトルは何年買っていないか記憶にないほどです。ペットボトル飲料ってすごく高

いと感じます。会社には1日2本ペットボトル飲料を買っている方も多くいました。

しかし、「家から水筒に飲み物を入れて持参する」という、ほんのひと手間さえ惜しまなければ、簡単に150円が浮きます。支出は何でも「年換算」するとインパクトが如実に感じられるため、「年換算」することを強くおすすめします。**1日2本ペットボトルを買わないだけで、300円に365日を乗じた場合、年間で約10万円の違いが生じます。**

②たばこを買わず、たばこ株を買え

「たばこを吸う側」になるのか、「たばこ株を買う側」になるのかで、決定的に埋めがたい金銭的差異が生じます。

1. たばこを買う側になるのか
2. たばこ株の株主になるのか

仮に毎日セブンスターのたばこを一箱吸えば、約500円かかります。1日1箱吸うと仮定します。すると、1年で約18万円かかります。

その資金をたばこ株に投じるとどうでしょう。例えば米国たばこ大手の「アルトリア・グループ」に投じた場合、過去10年間（２０１０～２０１９年）の株主が享受する収益率（トータルリターン）は年率15・49％でした。過去は未来を正確に映すわけではないので、例えば年率10％で試算をします。毎年18万円の追加投資を行うと仮定した場合、10年で３１６万円になっていたことになります。

1．たばこを買う側になる　↓　１８０万円の消費
2．たばこ株の株主になる　↓　３１６万円の利得

これは資本主義の象徴的な側面です。**財やサービスを消費する側ではなく、資本家側（株主側）にいるか否かで、大きな金銭的差異が生じる好例です。**たばこは依存性のあるものです。たった一度、その一度だけのたばこを吸うという行動が、その後のキャッシュフローの流れを一変させます。

20歳でたばこを吸い始め、50歳まで吸い続けた場合、

1．たばこを買う側になる　↓　５４０万円の消費
2．たばこ株の株主になる　↓　３２００万円の利得

これが消費する側と株式を保有する側の埋めがたい差です。

③飲み物は白湯でＯＫ

白湯、美味しいですよ。

お財布にも優しく、腸にも優しく健康的です。会社ではひたすら白湯を飲んでいました。温かいので腸を冷やさず、原料は水のみなので特別な所作は必要ありません。

対照的なのは、スタバです。スタバの飲料は砂糖を大量に含んでいると言われています。これもたばこ株と同様、お財布にも健康にも良いのは、スタバの飲料を消費する側になるのではなく、スターバックス【ＳＢＵＸ】の株を買って利得を享受することです。

④デートは、公園で手作り弁当ピクニック

デートは、何も高い料理店で食事をすることではありません。

価値観さえ一致していれば、自分たちで手作りした料理をお弁当に詰め、自然豊かな公園でレジャーシートを広げて食すのは、とても素敵なものです。

値段の高低が重要なのではありません。仮に値段をとやかく言う彼氏や彼女がいたら、彼／彼女らは貴方を見ているのではなく、貴方の財布を見ているので、付き合い方を考え直しましょう。

なお、ピクニックはもちろん、ペットボトル飲料ではなく、水筒で。

⑤書籍は、図書館利用（新刊は予約）

図書館、利用していますか？

私はこんな素晴らしい施設はないと思います。古い書籍しかないと思ったら大間違いです。予約機能がありますから、図書館に備え付けのＰＣで新刊を予約することや他の図書館の本を取り寄せることも可能です。

日本は公共施設が極めて充実しています。ないものを嘆かず、今あるものを十分利活用しましょう。恵まれています、日本。

⑥会社の飲み会は必要最低限

これは価値観次第ですが、もし付き合いのためであったり、嫌々参加しているのであれば、バッサリやめてみることも一案です。

1回行くと5000円。二次会まで行くと1万円くらいの費用が生じます。何より時間も消費されます。他人を大切にするのはもちろん大事ですが、1度きりの自分の人生と真剣に向き合い、自分を大切にすることも、これもまた大事なことです。

私は社内ゴシップなどに終始する内容にはあまり発展性を感じられず、飲み会には行かなくなりました。誰とでも無難に付き合い、心にもない美辞麗句を並べ、愛想を振りまいているうちに人生はあっという間に終了します。

私の知人に若い時から岩に、沢に、縦走に、体力の続く限り楽しんでいた70代の方がいます。そんな壮健な方でも74歳になると、「体が思うように動かない」とおっしゃいました。当たり前ですが人間の身体は衰えていきます。印象深いのはその方がおっしゃった「もう私ね、好きなことしかしないの。したくないことをしてたら、人生あっという間に終わるわよ、人生短いから（笑）」という言葉です。

時間軸の観点からは、何かを得るには何かを捨てる必要があります。人間は1人なので同じ時間を2つのことに費やすことはできません。その優先順位をつけていく、自身の価値観に照らし合わせて判断していく、そのプロセスの中で、会社の飲み会が自身の人生の目標より優先順位が低ければ、その時間というリソースを目標に費やせば良いです。

裏を返せば、付き合いのために自分を犠牲にして参加するような飲み会に参加していたら、いつまで経っても自分が望む人生を生きるのは難しくなり、あっという間に人生が終了してしまいます、本当に。

⑦株主優待を徹底活用すべし

日本株には、特有の面白い制度が存在します。配当金だけでなく、株主優待という、現金ではなく金券や食品など現物支給する形での株主還元があります。

- お米は、はせがわ（８２３０）などの株式保有で毎年もらえます。
- 映画は、東京テアトル（９６３３）や東急レクリエーション（９６３１）などの株式を買えば、株主優待の利用により、無料で鑑賞できます。
- ティッシュは、ＣＤＧ（２４８７）の株式を保有すれば、1年で使い切れない20箱の質感最高の高級ティッシュが毎年届きます。
- コンタクトレンズは、ビックカメラ（３０４８）やＢＳ11（９４１４）の株主優待券を利用することで、半年分をまかなっています。

このように、株主優待を活用することで生活コストが浮きます。その浮いたお金で、株式を購入すると、株主優待が増えます。すると、生活コストがさらに浮きます。そしてまたその浮いたお金で株式を購入する……という循環を作れば、時を経るごとに加速度的に資産が形成されます。

⑧散髪は、セルフカットか1000円カット

セルフカットは学生時代の頃から10年近くやっていました。女性は難しいかもしれませんが、男性なら全然いけます。

1000円カットでもQBカット（のちに1200円に値上げ）等であればクオリティは全然問題ありませんから、おすすめです。場所によっては、平日AM限定タイムサービスにて690円カットというものもあります。

⑨携帯電話は格安SIM

今ではだいぶ普及してきましたが、格安SIMの利用は大きな固定費削減になるので、即検討しても良いと思います。

私はIIJmioとLaLa callを利用することで、月額1100円で携帯電話を利用しています。通信環境で不便に感じたことはありません。

⑩プールやジムは公共施設を活用

節約で健康を損なっては本末転倒です。適度な運動や良質な食事は欠かせません。

市民プール等の公共施設であれば、自治体にもよりますが1回2時間400円くらいで利用できます。ちなみに中国・上海では、1回2時間1000円くらいかかりますから、日本は本当に恵まれています。

ジムも同様、自治体の体育館などに併設されていたりします。そのような施設は1回2時間までの使用につき400円くらいで、よほど頻繁に行かない限り安価ですし、プロでもない限り設備も事足ります。また、大学によっては年間5000円以下の利用料で一般に開放しているところもあります。

⑪コンビニでの買い物は避ける

実質的な現金支出を伴ったコンビニ利用は、もうかれこれ長らく記憶にありません。

コンビニは現金やクレジットカードを使うところではなく、**株主優待で受領したクオカードを**

使うところです。クオカードは株主優待で手に入ります。

コンビニはその近接ゆえの便利さを武器に、単価を高く設定しており、それゆえこの10年間、百貨店など苦戦が続く中でも同業界の需要を取り込み、利益率は高水準を維持してきました。コンビニの商品は、基本的に割高なのです。

私は以前よく、コンビニで500円を使いそうになったら、配当で年間500円得るにはいくら原資が必要なのか都度計算していました。利回り5%としても500円の配当金を得るには、1万円の原資が必要です。つまり、**今から使おうとしていたその500円を使うということは、原資レベルで考えると1万円の資本を投下することに相当するのです。**

これももちろん価値観次第です。以前より遥かに美味しさを増したコンビニスイーツを会社帰りに買うことが、大きな大きな楽しみであり幸福なのであれば、**それはぜひとも買いましょう(笑)。**節約とは、あくまで個々人の価値観に合った支出の最適化ですから、無理をしては続きません。メリハリも大事であることを、誤解のないよう申し添えておきます。

⑫買い物カートは、使わない

スーパー等で買い物をするときは、カートは使わないようにしています(ただし、性差や筋肉量によってケースバイケースです）。買い物カートを使わないことで、本来なくても良いものをあれこれ買ってしまうリスクが低下します。買い物かごを手で持てば、筋トレにもなります。一石二鳥、買い物かごは筋トレ資源でもあります。

⑬可能な限り、現金ではなくクレジットカードを利用

人が一生涯で使うお金は、全国銀行協会によれば、およそ2億円と推定されています（結婚し、子育てや住宅購入も行い、夫婦で老後を迎えるというライフプランの場合）。

なぜクレジットカードを使用すること自体が重要かというと、チリも積もれば多額の経済的な差異が生じるからです。

仮に2億円のうち50％の1億円をクレジットカードで還元率1％を得たとすれば、100万円の経済的利得が生じます。現金払いの場合、この経済的利得は一切得ることができません。なので、私は可能な限り支出はクレジットカードで決済しています。

私は旅行も好きなので、JAL　GLOBAL　CLUBのクレジットカードを利用し、マイルを貯め、航空券代はクレジットカード利用によって貯まったマイルでほぼすべてまかなっています。

マイル修行は若年期に済ませておくべし！

クレジットカード関連のお話として、「マイル修行」とＪＡＬグローバルクラブ（以下ＪＧＣ）のお話をしておこうと思います。**マイル修行は若年期に絶対やっておいた方が良いです。**なぜなら、一度資格を取得すれば、半永久的にその好待遇や多数のメリットが享受できるからです。

マイル修行とは、航空会社の運営するマイレージサービスに沿って「利用回数やポイント積算数など一定条件を満たすことで資格を得られる会員特典」を目的とした、旅行または修行のことです。

私がマイル修行していた頃は、ＪＡＬダイナミックセイバーというクラスで、特定のルートでマイル単価（マイル÷費用）の高い航空券を購入し、マイル修行に励んでいました。

東京――石垣――東京――バンコク――東京――札幌――東京
東京――那覇――東京――シンガポール――東京――那覇――東京

このようなルートを1泊2日や2泊3日でやります。バンコクやシンガポールでの滞在時間は半日程度だったと記憶しています。こういった修行を何度か行うことで、ポイント条件を満たし、

ＪＧＣに入会する資格を得られます。ＪＧＣ会員は、快適なラウンジ利用に加え、優先搭乗・優先チェックイン・手荷物優先受取など多数のメリットを享受できますから、非常におすすめです。マイル修行関連の費用は総額20万円ほどでしたが、その価値は十二分に感じられます。

⑭保険には入らない

日本は保険制度でも恵まれています。国民皆保険制度により、健康保険という強力な味方が付いています。

家族構成や環境でケースバイケースながら、貯蓄性・円建て・外貨建て・変額等々種類に関わらず、生命保険や医療保険は基本的に必要なしというのが、私の考えです。保険を通して投資するような金融商品も基本的に不要です。会社を1つ通すとどうしてもマージンを抜かれる傾向があり、投資をするなら自分で証券会社に口座を開いて購入しましょう。

⑮階段は資源

私がサラリーマンをしていた頃の職場の階数は10を超えますが、毎日階段で出勤していました。

階段を利用していると、頻繁に遭遇するのが社長や役員の方々です。そういった方々は階段という資源の有難さを十二分にご承知なのかもしれません。

運動不足な方々やサラリーマンの方々（特に勤務地が高層階ならなおさら）におすすめなのが、階段の活用です。身体を鍛えるには、何も有料ジムに通うことが必須とは限りません。

階段とは、そこかしこに存在する、**非常に有難い資源です**。私自身はセミリタイア後、会社のように特定の場所に出向くという習慣はなくなりました。そのため、階段トレーニングは会社の階段ではなく、街中の階段に限られるわけですが、今でも街中の階段はしっかり活用させて頂いています。この場を借りて階段に御礼申し上げます。

エレベーターにエスカレーター。これら文明の利器は、確かに便利です。しかし便利なものは、たいていその利便さの反面、副作用も同時に感じるものです。エレベーターやエスカレーターに乗るということは、「目の前にあるエクササイズの機会（階段利用）を自ら放棄している」とも解釈できます。

私は日常生活でも、階段を利用できる場所では、一切エレベーターとエスカレーターを使わないようにしています。

サラリーマンなどのオフィスワーカーは、ただでさえ一日中デスクワークで椅子に貼り付き、長時間座ることになります。平日は工夫しなければ運動不足になるのも当然です。そこで、階段です。座り続けることは心臓病の疾患リスクが上がるなど科学的な見地からも悪影響が指摘されますが、そもそも体感的に体に悪影響であることは、実際に感じることと思います。**利用するだけで運動になりますし、運動すると脳が活性化して仕事もはかどります。**

- 出社する際は、まず階段で上り、脳への血流を活性化、**良案です。**
- 他階に書類を届ける時は、エレベーターではなく階段を利用すること、**良案です。**
- 昼休みに会社へ戻る時、必ず階段を利用すること、**良案です。**
- 退勤後は、必ず階段で降りて、脳も身体もリフレッシュさせること、**良案です。**

階段利用、**だいたい良案です。**

階段を上り下りすると、普通に歩くよりももちろんカロリーを消費できますし、太ももの前側の筋肉である大腿四頭筋を使います。この筋肉は大きな筋肉ですので、ここを鍛えると基礎代謝の向上にもつながります。

あと、**習慣化しやすい点も良いです。**毎日家にずっといるという方でない限り、都市に住んでいる方であれば、必ず階段に一度は遭遇すると思います。毎日一度は階段と出会えるわけです。そのうち階段を見ると嬉しくなると思います（嬉）。**ついでに運動できるからです。**エスカレーターを見た瞬間、もはや無意識に階段を探すという癖が付けば、もう大丈夫です。

階段という目の前に素晴らしい無料ツールがそこかしこに鎮座されているわけですから、それを使えばお金も使わず、運動にもなります。階段はありきたりなようで、貴重な資源です。階段を作ってくださった方に感謝しつつ、一段を踏みしめる。

今あるものを活用することで大抵のことは事足ります。「今あるものを活用する」という基本理念は、断捨離にも通じますし、支出の最適化にも通じますし、生活全般に通じることだと思います。何かがない時に、すぐ「新たにモノを買う」という行動に出る前に、「今あるもので対応できないかな？」と考える癖をつけると、モノが不必要に増殖せず、おすすめです。階段は、エスカレーターが横にあると圧倒的に避けられがちなものですが、立派な、立派な、資源なのです。

以上、私が実践してきた支出最適化15選の紹介でした。とは言え、節約もやりすぎは禁物です。自分の価値観に合わせたストレスフリーな支出最適化を心掛けることが肝要です。我慢ばかりでは、続きません。楽しくなければ、続きません。楽しければ、楽ちんです。

これらの支出の最適化が、29歳での経済的自由達成に不可欠だったことは間違いありません。倹約が身に染みていなければ、今の資産額達成も確実に無理だったと思います。いくら収入が多くとも、出ていくお金が多ければ、いつまで経ってもお金というのは貯まらないのです。そして、**支出の最適化でお金が貯まってきたら、それを投資に回すことで、資産形成は加速します。**

年収500万円以下でも配当金200万円を得ることは可能

配当金という定期的な不労所得・キャッシュフローを増やす上で、核心的に重要な要素の1つが、「入金力」です。入金力とは、給与などの収入から生活費などの支出を引いて残った、株式投資に回す金額、そして、その資金を捻出する力のことです。株式を購入する際に、証券口座へ「入金する」ことから、そう呼ばれています。

毎月5万円を株式投資に回せる人と、毎月25万円を回せる人とでは、株式を購入できる額に差異が生じるため、配当金の増え方も異なってきます。毎月、配当利回りが3%の高配当株に資金を投じ続けたと仮定すると、前者は1・8万円の年間配当所得、後者は9万円の配当所得となります。つまり、「入金力が配当所得の多寡を決める核心的な要素」であることは事実です。私が今現在の金融資産を築けた一因に、給与収入の水準が高かったことが挙げられます。

では、年収が高くないと資産形成できないのでしょうか。決して、そんなことはありません。時間を味方につけ、支出の最適化と並行して淡々と余剰資金を証券口座へ入金し、継続的に株式を購入していけば、資本主義の果実は享受できます。

▼私の資産形成法に再現性があるかを検証する

ここで、「私がセミリタイアに至った資産形成の手法に、再現性があるのか否か」について触れておきたいと思います。

私は「収入−支出を最大化して、ひたすら株式（主に高配当株・連続増配株）を買い続けることで配当金を積み上げていく」という方法を愚直に行うことで、セミリタイアしました。世の中の大多数の方々と同じ、「サラリーマン」という立場でした。起業して一発当てたわけではありません。集中投資や短期トレードで一発当てたわけでもありません。**サラリーマンであれば誰でも得られる給与でもって高配当株・連続増配株を買い続けたことと、誰にでも可能な「節約・倹約という支出の最適化」を通じてセミリタイアできました。**

ですから、私の手法は再現性があると思います。私は7年半でセミリタイアしましたが、平均年収のサラリーマンの場合、同じ期間での実現は難しいものの、**時間さえかければ、私と同じ手法で着実に配当金という不労所得を積み上げて、セミリタイアなり、人生の選択肢を増やすことが可能です。**当人の収入や支出水準や相場環境で何年かかるかが変動してくるだけです。

さて、こういったことを申し上げると、中には「私にはそんな収入がないから無理」「そんな倹約できない」と考える方もいらっしゃるかもしれません。

「できない理由」を見つけようとすると、いくらでも見つかります。そして見つけた分だけ、可能性は狭まります。「貧乏マインド」という言葉、ご存知でしょうか。「できない理由」や「否定的な側面」ばかりを見ることで、文句だけはご立派で、行動を起こさないことをいいます。

逆に、**自己肯定感を高め、目標を達成するには、「あるもの」に着目し、「どうやったら達成できるか」を考え続けることが大事です。自分なりに工夫し続けることです。**決して「できない理由を探す」のではなく、**「どうやったら目標に近づけるか」、「どうやったら自分なりに応用できるか」を考え抜くことです。**私の母の口癖は、「人より早くやりなさい。人の2倍やりなさい」でした。努力なしで果実を得られるような甘い話はありません。私は、サラリーマン時代の昼休みは、ひたすら「どうやったら1日でも早くセミリタイアできるか」、もうこれをひたすらひたすら考えていました。意志あるところに道は開けること、断言します。

ですから、**「私は平均的な年収のサラリーマンだから……」とあきらめる必要は一切ありません。なぜなら、ずっと目標に対して闘志を燃やしていればこそ、追い風はつかむことができるからです。**目標に対して揺るぎない信念を持ち、あきらめないでいると、確実に日々の行動は変わります。

「自分は平均的な人間だから無理」とあきらめている人と、「いや、自分にも可能性はある」と強く気持ちを持ち続けている人とでは、結果は絶対に違うと、私は自分の経験上思います。目標に対し、「無理だ」とあきらめる必要は、微塵もありません。目的意識を強く持ち、日々何らかの形で行動し、さらに口に出していると、自分だけでなく、周囲の人にも影響を与えます。私の場合は実際にそうでした。周囲の方々も、いつの間にか協力してくれました。

例えば家族から、「読者の方々はこういうものも求めているんじゃない?」とアドバイスをもらったり、友人がブログを応援してくれたり、私がセミリタイアを目指していることを聞きつけて質問してもらったことが、自身の気づきにもなったり、これらのことすべてが、私のモチベーションになりました。あきらめていたら、こういった追い風は絶対につかむことができなかったと思います。なぜなら、最初から無理だとあきらめていたら、この追い風自体が存在しないからです。


支出の最適化だってそうです。自分だけの力でできたわけではなく、

「こういう方法なら、あまりお金かからないよ」

「今度の旅行、この方法で行ってみる？（笑）」

と教えてくれた人もいました。


こういった1つ1つのことが積み重なって、目標を達成できたと思っています。自分の力だけで達成できたとは思っていません。**物事が帰結する要素は1つではないのです**。数多の要素が複雑に絡み合い、当人の「目標」や「夢」が一本一本の糸で織り成され、1つの結果が形成されます。一事が万事です。収入・支出・投資・周囲の協力など、それらのすべてが要素となって、今現在という結果が紡ぎだされたと感じます。**ですから、年収という1つの要素が、経済的自由をあきらめる要素には決してなり得ないのです。**

私が行ってきた資産形成の方法はシンプルです。年収の多寡に関わらず、「収入－支出の最大化」を徹底し、株式（私の場合は高配当株・連続増配株）を買い続けることで、配当金という定期的な不労所得・キャッシュフローは積み上がっていきます。そして、その配当所得は人生の選択肢を広げます。

年収が高くなくとも、資産形成はできるのです。時間を味方につけ、支出の最適化を経て淡々と余剰資金を証券口座へ入金し、継続的に株式を購入していけば、資本主義の果実は享受できます。

高配当株・連続増配株への投資には米国株が有力

投資に馴染みのない人にも取り組みやすい投資対象であるETFについては後述しますが、もし私と同じように高配当株・連続増配株を買い続ける投資を始めるならば、**米国株を主力銘柄として考えていただきたいと思います。** 日本にも高配当株は多数存在し、それらの銘柄を買い付けていく形でも配当金の恩恵を得ることは可能です。ただし、高い競争力・収益力を背景とした連続増配株は、米国株が傑出しています。

私が高配当株・連続増配株への積極投資を始めたころ、競争力のある優良企業に投資することを説いた『千年投資の公理』（パット・ドーシー著）などの名著を通し、様々な米国株を知りました。そして、「Form 10 - K」と呼ばれる日本の有価証券報告書に相当する、企業活動の年次報告書を確認しました。

年次報告書とは、企業の売上や利益に加えて、1年間どのような企業活動をしてきたかを報告する文書のことです。学生で言うところの「通知表」、サラリーマンで言うところの「考課表」に少し似ているでしょうか。この、1年間の企業活動が記された年次報告書を確認すると、**米国主要企業の収益力の高さと確固たる増配実績に目を奪われました**。収益力とは、効率的に利益を創出する力、つまり稼ぐ力のことであり、増配とは、配当を増やすことです。配当は主に利益を源泉とするので、稼ぐ力が高ければ、配当を増やす潜在的な力が高いことを意味します。

「米国主要企業の高い収益力を示唆する指標」として、営業キャッシュフローマージンや営業利益率がありますが、ここでは比較的わかりやすい日米企業の営業利益率を比較します。営業利益率とは、営業利益÷売上高で算出した値、つまり「売上高当たりの営業利益」を指し、参考となる指標の1つです。なぜなら、営業利益率は「競争力の高さ」や株主還元（配当や自社株買い）の源泉となる「稼ぐ力」を測る1つの指標になり得るからです（ただし、投資会社など営業利益が実態を表さないケースもあり、万能の指標ではありません）。

日本の全産業の営業利益率は4・3％（金融業・保険業は含まず。財務省「法人企業統計調査平成30年度より過去3年平均を筆者集計）です。これに対し、米国主要企業の営業利益率（201

9年における過去3年平均）と事業内容は次の通りです。

アルトリア・グループ	：50・2％	たばこ
アッヴィ	：32・1％	製薬
デューク・エナジー	：23・1％	電力
ジョンソン・エンド・ジョンソン	：24・5％	製薬・医療・ヘルスケア
ベライゾン・コミュニケーションズ	：22・3％	通信

営業利益が高く出やすい産業・低く出やすい産業が存在するので、異なる業種から抽出しています。これら米国企業は、いずれも私がＦＩＲＥ達成時まで保有していた米国高配当・増配株ですが、**営業利益率が日本企業平均の5倍以上あることを示します。**

▼資本主義の果実を享受するに最適であってきた米国株

次ページのグラフは、Ｓ＆Ｐ５００の過去30年間（１９８９～２０１９年）の推移を表したものです。

上段のグラフを見ると、２０００年代初頭のＩＴバブル崩壊、２００８年のリーマンショック

●S&P500過去30年間の推移

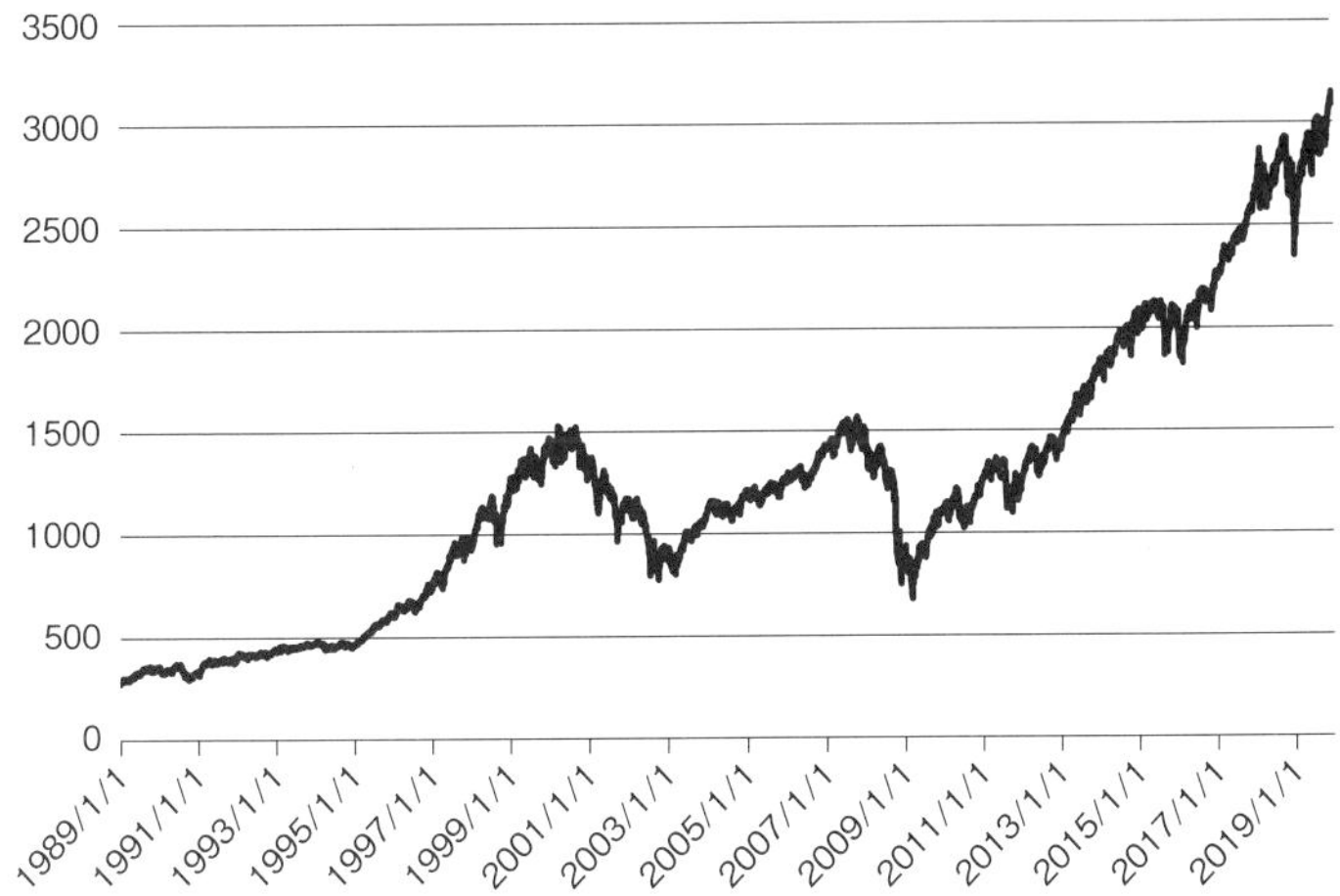

●S&P500過去50年間の推移

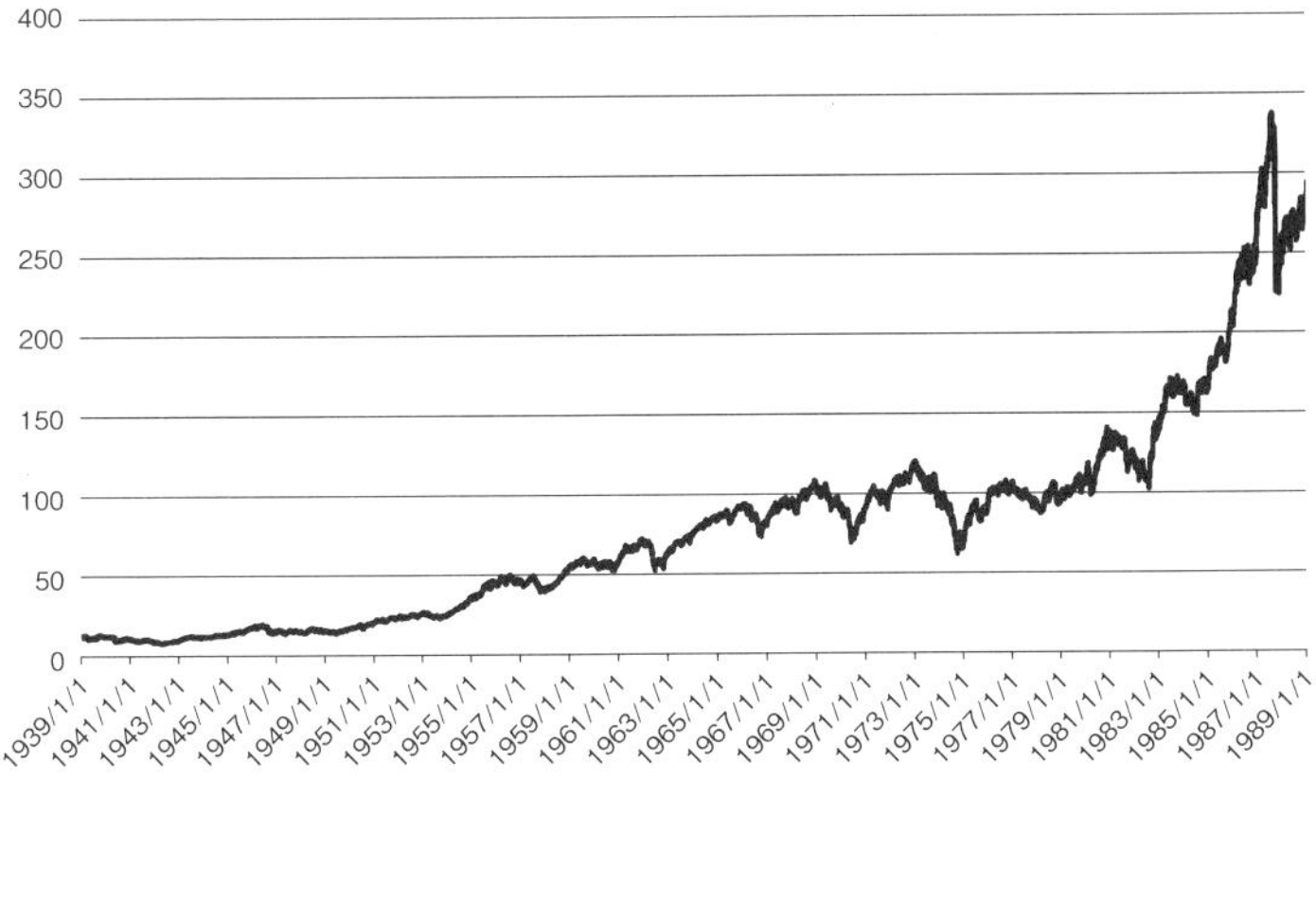

などの危機を迎え、一時的に下落を挟みながらも、長期的には一貫して上昇傾向にあることがわかります。

下段の1989年以前の過去50年間も同様です。長期的に力強い上昇を描いています。

S&P500の1989～2019年におけるインフレ分を除いた実質リターンは年率7・7%でした。

資産形成シミュレーション　ケース1：平均年収の人がS&P500へ投資し続けた場合

過去は未来を正確に映すとは限りませんから、米国株投資によって得られるリターンを保守的に見て、年率5%の実質リターンを得られると仮定します。そして、次のような前提で試算をしてみましょう。

平成29年度の年齢別男女平均年収
20代前半：330万円
20代後半：373万円
30代前半：403万円

●平均年収の場合の金融資産の推移

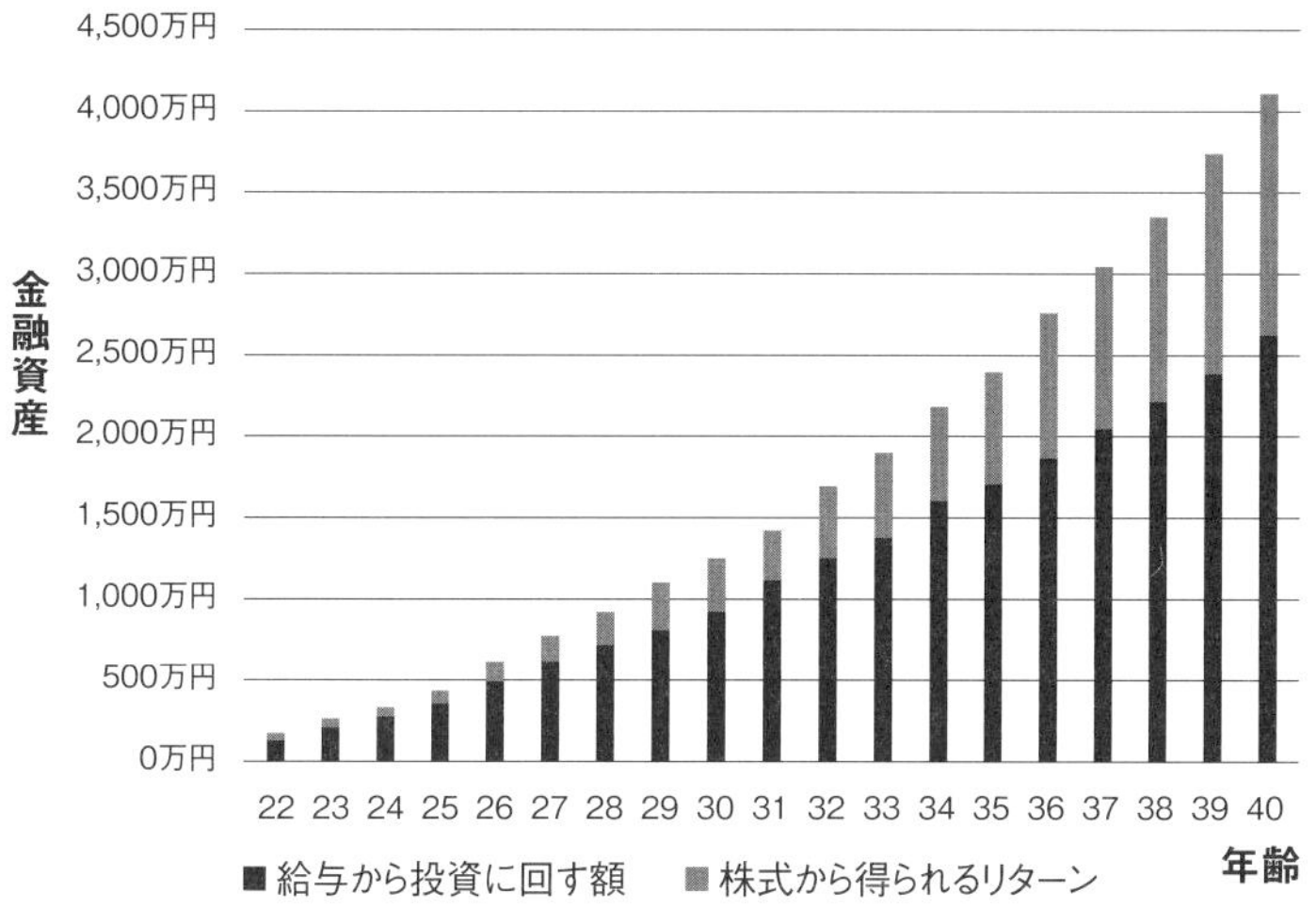

30代後半：４３３万円
手取り収入：額面年収の８割
月間支出：15万円
年間リターン：５%

試算結果は上のグラフの通りで、**新卒から愚直に米国株（たとえば後述するVTIというETF）の買い付けを続けていけば、平均年収であっても40歳で金融資産は４０００万円を超えてきます。**

そこからさらに配当利回り４%の高配当株ETFへと資産を移せば年間１６０万円の配当所得を得られます（ETFについては後述します）。これを1つのベンチマークとして、副業や支出の最適化を推し進めれば、資産額の上振れ

●平均年収+αの場合金融資産の推移

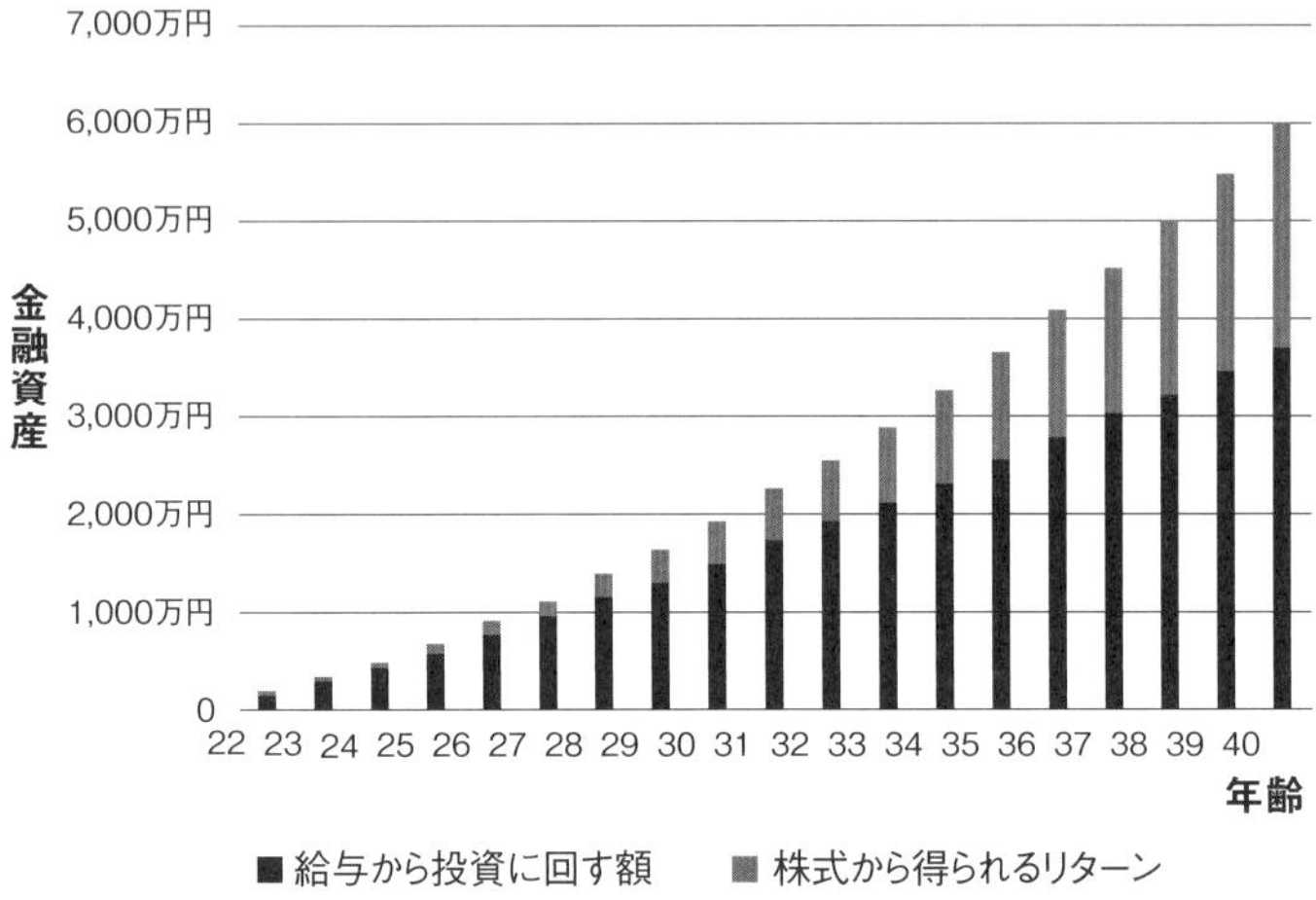

要因となります。

資産形成シミュレーション　ケース2：平均年収＋αの場合

さらに、例えば、仮に月収が5万円上振れる、もしくは支出を5万円抑えると、上のグラフのような金融資産の推移となります。

40歳で金融資産は6000万円を超えてきます。この時点で配当利回り4％の高配当株ETFに資金を移せば、配当所得240万円を得ることは十分可能だということになります。毎月20万円の所得が得られれば、人生の選択肢を広げることが可能です。支出水準や働き方によっては、セミリタイアも現実的になってきます。

転職して年収を上げる、もしくは今住んでいる家の家賃を数万円下げてみる。そうした選択が資産形成を加速させます。

「適切な投資対象・継続的な入金による株式購入・支出の最適化」という基礎的な3つの柱ができれば、時間と複利を味方につけることで、誰でも大きな資産を形成することが可能となる一例かと思います。

ただし、長期的に上昇してきた米国株でも、前章で述べた通り、ITバブル崩壊後やリーマンショック後は、暴落前の水準に戻るまでそれぞれ7年、6年を要しており、そのような株価低迷期にも愚直に継続して株式を購入することが本シミュレーションの前提条件として求められます。

▼米国株を特徴づける連続増配と株主還元

過去は未来を正確に映すものとは限りません。これまで上昇してきたからと言って、今後も上昇する保証はありません。しかし、米国株においては、今後も長期的には上昇すると期待させる、次のような象徴的な要素があります。

1. 長期的な増配に裏付けられた長期にわたる成長

2. 株主還元に対する積極的な姿勢

連続増配については後段で詳しく述べますが、米国企業には長期にわたる増配実績を持つ企業が数多く存在します。増配するには、配当を増やす源泉となる「収益力」や「自社株買いによる1株あたりの価値向上」が必要です。増配実績は、これら条件が過去においては満たされてきたことを示します。

米国企業の株主還元に対する姿勢は明瞭かつ積極的であり、多くの日本企業とは対照的です。日本企業は今でこそ三井住友FGや三菱商事など、累進配当政策（減配しない配当政策）を掲げる企業が徐々に現れていますが業績が短期的に少しでも悪化すれば減配する企業が一般的です。対して、連続増配年数の長い米国企業は、たとえ短期的に減益となっても、金利や社債発行状況などの資金調達環境・経営陣の意思決定などにもよりますが、減配に至らないケースが見られ、配当に対する姿勢も明確です。

例えば、米国の艦船建造大手ハンティントン・インガルス・インダストリーズ（HII：Huntington Ingalls Industries）は、「フリーキャッシュフローが株主にとって重要な指標である」と毎四半期の決算書に明記の上、会計基準とは別途、株主目線でのフリーキャッシュフローが明記されています。フリーキャッシュフローとは、「収益から投資額を差し引いた、自由に使える現金」のことです。また、持続可能な増配を重視することをIRページ（投資家向け広報）に明記しています。

ヘルスケア大手ジョンソン・エンド・ジョンソンは、「10年間で何％のリターンを株主にもたらし、10年間でフリーキャッシュフローのどの程度を株主に還元し、何年増配を続けてきたのか」が、すべて年次報告書に記載されています。両社とも、配当に対する姿勢が明確です。

▼減配しないことも立派な株主還元、70年以上に渡り減配なき電力会社

増配に限らず、減配をしない姿勢を貫いてきた企業もあります。例えばサザン・カンパニーという米国の電力会社は、1948年から実に70年以上に渡って減配していません。毎年の年次報告書において、「表紙」・「目次」に続いて、CEOからの投資家向けメッセージ欄があります。その前段に「1948年から減配していない」ということが明記されています。このような年次報告書からは、配当に対する積極的な姿勢を感じられます。また、配当の重要性について顕著な一例を紹介します。

●サザン・カンパニーへの投資リターンにおける
株価変動と配当再投資の内訳

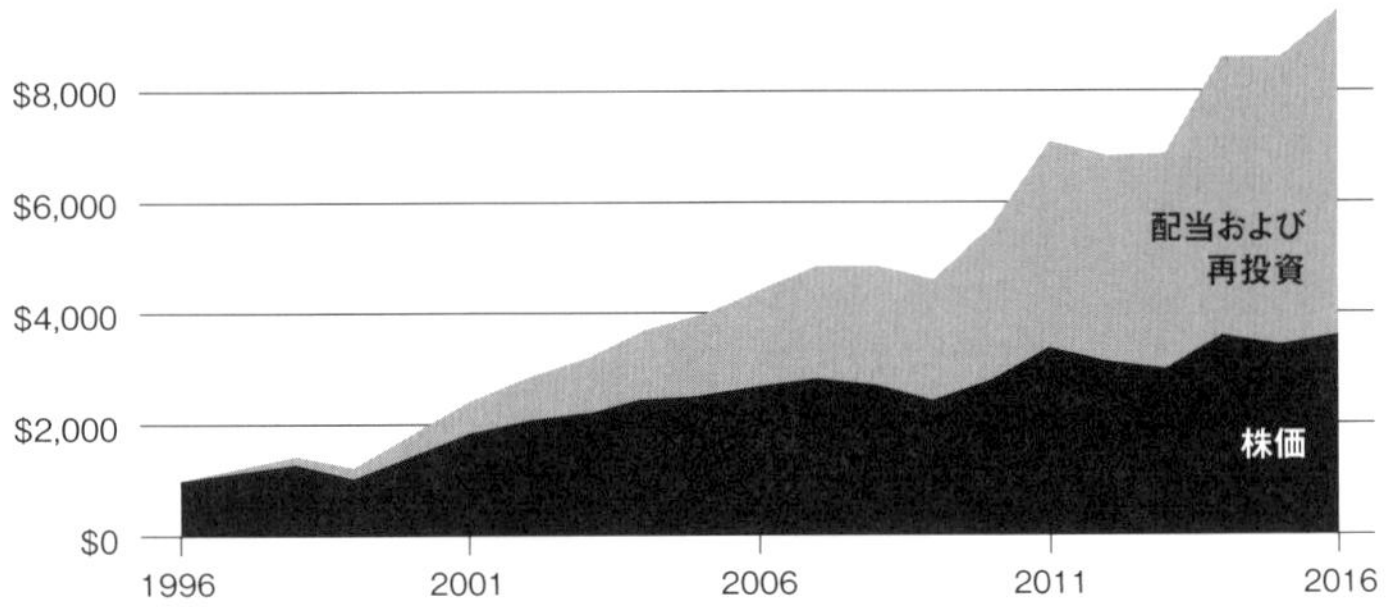

2016年の年次報告書で、「過去20年間において、配当および配当再投資が、同社株式価値の増加のうち約69%を占めた」と記されています。株式投資の一般的なイメージとは、「いかに値上がり益を得るか」というものが最たるものかもしれませんが、「配当再投資が果たす役割も大きい」ことを示唆する一例です。「株主にとっての配当および再投資の重要性」ならびに「同社の配当に対する姿勢」もうかがえる象徴的な事例だと思います。

▼資本主義の果実を享受する機会は、等しく開かれている

このように、資本主義の果実を配当という形で定期的に享受することは、何もお金持ちだけに限られた特権ではなく、ましてや年収の多寡に関係なく、日本では広く開かれている機会です。「私は年収高くないから……」などとあきらめてしまうのは、自ら可能性を閉ざしてしまいま

うことであり、もったいないことだと思います。株式投資は、社会的地位などに関係なく、平等にその恩恵を享受できる機会が開かれているフラットな世界です。

以前は、米国株のように長期的に上昇してきた対象に投資する環境は、今ほど整備されていませんでした。しかし、この10年ほどで環境は大きく変わり、安価な手数料で、誰でも簡単にインターネットで米国株が購入できるようになりました。つまり、**優良な投資対象にアクセスできる環境・機会は、年収の多寡に関わらず日本であまねく開かれており、分水嶺は「やるか、やらないか」という段階の、恵まれた環境にあるのです。**

ちなみに中国では、基本的に外国の株式は購入できないよう規制されています。対して日本では、**インターネットで証券口座を開設すれば、投資できる環境が整っています。**個人の資産形成に必要な証券投資環境は日本においては恵まれていると思います。これは活用したいところです。現状の年金制度という自分でコントロールしづらいことに憂慮するよりも、今ある恵まれた証券投資環境を活かし、自己責任・自助努力で資産を形成することが、これからの時代を生きる上で大切になってくるのではないかと思います。

column

節約を続けるコツは、高消費生活と節約生活を両方体験すること

自身にとってストレスフリーな支出水準を測るには、高消費生活と節約生活の両方を体験した上で、心地よい塩梅を探る形がおすすめです。高級な住居、レストラン、ブランド物も、「こんな感じか」と一度経験することで、過度なあこがれを抱かなくなると思います。自分の価値観に沿って支出を最適化すれば自然と続きますが、無理してストレスになるような節約は本末転倒です。

例えば不動産なら、高い物件や安い宿泊施設などを体験した上で、自分がどこまで許容でき、何を重要視するかを探ってみるのです。私は都心のハイグレードマンションに住んでみて、価値を感じるのかを探った時期があります。結果、あまり価値を感じないことがわかりました。便利で夜景も綺麗で、最初は心躍りますが、最初だけでした。食費なら、今月は2万円でやってみて、ストレスを感じれば3万円に増やすなどして、支出水準を断続的に変えて心地よい水準を探るのがおすすめです。このような工程を重ねれば、自分がどういうものに価値を感じるのかが明確になります。

FIREをめざす人は、「いま自分が金銭を投じようとしているものは、FIRE達成時期を遅らせてまで必要なものか」を自問してみましょう。

Chapter3
お金自動発生マシンを組み立てよう

お金自動発生マシンを組み立てよう

お金自動発生マシンと聞いて、「そんなうまい話あるかいな」と思う方もいらっしゃるかもしれません。しかし、本書をここまでお読み頂ければ、そのような仕組みが存在するということを、おぼろげながら感じて頂けたのではないかと思います。お金自動発生マシンというと、いささか陳腐な表現になってしまいますが、そういったものは実在します。実際に「お金自動発生マシンのみを活用することで生計を立てる」という、いわゆる「夢の配当金生活」を実現されている方は、実際にいます。私も実際に配当金生活を実現した方にお目にかかる機会がありました。

このお金自動発生マシンは、限られた人や特別な才能がある人にしか作れないわけではありません。証券口座を開設し、株式を購入すれば、配当金という形で自動的にキャッシュフローが生まれます。これこそが、お金が自動で振り込まれる最も手のかからない仕組み、つまり資産が所得を生む資産所得です。本章では、その配当金を実際に得る際のポイントについて詳述します。

▼証券会社はこの3社からチョイス

株式投資を始めるにあたって、まず証券口座を開設する必要があります。おすすめの証券会社は、次のネット証券3社です。ネット証券を推す理由はずばり、手数料が安いからです。

- **SBI証券**
- **楽天証券**
- **マネックス証券**

3社とも米国株を取り扱っていますが、各社特徴があります。次表は米国株・ADR・米国市場に上場するETFにおける概要をまとめたものです。肝心要の売買手数料は各社揃い踏みです。以前は3社とも売買最低手数料が5ドルでしたが、2019年にマネックス証券が5ドルから0・1ドルに引き下げて先手を打つも、追随・競争を経て、結果3社とも最低手数料撤廃となりました。また、以前はマネックス証券のみが注文有効期限が最長90日でしたが、SBI証券・楽天証券も追随し、差がなくなりました。

		SBI 証券	楽天証券	マネックス証券
取り扱い銘柄数	個別銘柄	約 1869 銘柄	約 2661 銘柄	約 3259 銘柄
	ADR	約 141 銘柄	約 176 銘柄	約 125 銘柄
	ETF	約 280 銘柄	約 301 銘柄	約 291 銘柄
手数料	売買に必要な通貨	米ドル , 日本円	米ドル , 日本円	米ドル , 日本円
	売買手数料	0.45%	0.45%	0.45%
	売買最低手数料	0 ドル	0 ドル	0 ドル
	売買手数料上限	20 ドル	20 ドル	20 ドル
	為替手数料	片道 4 銭 ※住信 SBI ネット銀行利用	片道 25 銭	片道 25 銭 ※米ドル買付は無料、売却 25 銭
注文方法	注文方法	成行、指値、逆指値	成行、指値	成行、指値、逆指値、トレールストップ、OCO、連続
	注文有効期限	最長 90 日	最長 90 日	最長 90 日
その他	自動積立サービス	○	×	×

※2019年12月17日時点

各社順次取り扱い銘柄数を増やすなど、米国株サービスに力を入れていることがうかがえます。注文方法はマネックス証券が豊富ですが、長期投資をしていく際に、基本的に成行と指値しか使わないため、3社とも問題ありません。

では次に、各社ごとの主な強みを見ていきます。

SBI証券の強みは、「為替手数料の安さ」と「自動積立サービスが利用可能」なことです。楽天証券の強みは、「楽天経済圏で貯めた楽天ポイントを活用可能」なことです。マネックス証券の強みは、「取り扱い個別銘柄数の多さ」です。

▼SBI証券：為替手数料と自動積立サービスに強み

SBI証券は、同グループに住信SBIネット銀行があります。同銀行口座を開設すれば、米ドル・円の為替手数料が片道4銭で済みます。開設自体さほど手間はかかりません。他社と21銭の差ですから、1ドル100円前提でのインパクトは0・21%です。1000万円規模のドル買いで、2・1万円の差です。**運用資金が多く、為替手数料のコストに少しでもこだわりたい方に向いています。**

SBI証券のもう1つ大きなメリットとして、米国株・ADR・ETFの自動積立サービスがあります。定期的に買い付けたい銘柄に対して、買付日・金額または株数を指定でき、毎月の設定日（日付指定、曜日指定、ボーナス月指定）に自動で注文可能です。**時間や手間をかけずに、株式買い付けを機械的に行いたい人に向いています。**

※ADR（米国預託証券）とは、米国外の企業が発行した株式を裏付けとして米国で発行される有価証券です。米国市場の上場株式のうち、米国外企業の株式というイメージです。

▼楽天証券：楽天経済圏におけるポイント活用に強み

ここ数年で楽天経済圏は大きく広がりました。言い換えれば、楽天ポイントを様々な場面で貯めやすくなったということです。今や楽天市場だけでなく、楽天証券・楽天銀行・楽天カード・楽天トラベル・楽天ビューティ・楽天モバイル・楽天でんわ・楽天でんき等々、多くの業界で楽天経済圏を形成しています。**これら楽天経済圏で得た楽天スーパーポイントを、楽天証券で国内株式の買い付けに利用できます。**楽天経済圏ユーザーの方なら、日々の生活で得た楽天スーパーポイントで投資まで出来てしまうということです。株式投資を始める際の最初のとっかかりとしても、継続的にポイントを積み立てていく形にしても、活用できると思います。

ちなみに、楽天証券の付帯サービスとして、スマホアプリを通じて日本経済新聞が無料で読めるのも、有難い点ですね。

▼マネックス証券：取り扱い個別銘柄の多さ

マネックス証券の強みは、その**取り扱い米国個別銘柄の圧倒的な多さ**です。ＳＢＩ証券・楽天証券も主要な米国株は総じて取り扱っているので支障はありません。ただし、マニアックな銘柄になってくると、ＳＢＩ証券では取り扱いがなく、マネックス証券で取り扱っているような銘柄もあります。

たとえば、ややマニアックな銘柄ながらＡＲＣＣ（エイリス・キャピタル・コーポレーション）という、主に中堅・新興企業に対して投融資を行う業態の米国高配当銘柄があります。このＡＲＣＣは、ＳＢＩ証券では取り扱いがなく、マネックス証券・楽天証券で取り扱いがあります。

なお、個人的にはＳＢＩ証券をメイン口座としています。私は、米国株に加えて、香港株やベトナム株にも少し投資しています。米国株・香港株・ベトナム株のすべてを取り扱っているのは、ＳＢＩ証券のみです。そのため、ＳＢＩ証券をメイン口座として、楽天証券・マネックス証券をサブ口座として利用しています。各証券会社には、各々強みがあり、どの証券会社が良質なサービスを先んじて開始するかわかりませんから、随時使い分ける形で良いと思います。

つみたてNISAや一般NISA・イデコ活用術

日本における個人投資家向けの投資優遇制度として、次の3つがあります。

- つみたてNISA
- 一般NISA
- 個人型確定拠出年金「イデコ（iDeCo）」

▼NISAの沿革・背景、そして日米英の大きな違い

この3制度の活用術を述べる前に、NISAの沿革、そして私がブログを継続して情報発信するモチベーションの背景でもある「日本・米国・英国の家計金融資産推移」について触れておきます。私はやはり、多くの方が株式投資を通じて資本主義の果実を享受することによって、閉塞

感を打ち破れるのではないかと思うときもあるのです。

元々、日本で2014年に開始された「NISA」という制度が実施される前の段階では、「**日本版ISA**」と呼ばれていました。ISAとは、英国で一般投資家向け貯蓄支援を目的として実施されている「Individual Savings Account」の略称です。NISAは、このISAをモデルに策定されました。

▼早期に導入され広く普及する英国ISA

英国ISAは日本より15年早い1999年に制度開始、2019年時点の非課税枠は年間2万ポンド（約260万円）と、日本の一般NISAの倍以上、つみたてNISAの3倍以上の非課税枠の大きさです。さらに投資可能期間は2008年に恒久化までされています。恒久化を機に利用者は飛躍的に増加し、現在では、成人人口の約半数がISA口座を保有するなど、資産形成手段として広く認知・利用されています。つまり、日本と英国では株式投資の根差し方において、大きな差異があることがわかります。

▼株式投資に対する位置づけの差が生む、日米英の家計金融資産

日本で株式投資といえば、徐々に変わりつつあるものの、いまだに「ギャンブル性のあるもの」「博打」「財テク」と言った表現が一般に流布しているイメージかもしれません。しかし欧米では、株式投資が「資産形成に資するもの」として日本より広く理解されているようです。実際に私の欧米出身の友人も、資産形成に資する普通のこととして、株式投資を行っている人が大半を占めます。私はこの日本における金融リテラシーに関する現状はもったいない機会損失を生んでいると思います。日本の家計金融資産は２０１９年９月末時点で１８６４兆円、２０１８年時点で米国85兆ドル、中国21兆ドルに次ぐ16兆ドルと世界第3位の規模ながら、その増加スピードは米国・英国に比べて緩慢です。

次のページで示す通り、１９９８年から２０１８年の20年間で、米国の家計金融資産は２・７倍、英国のそれは２・３倍に増えました。対して日本は１・４倍に留まります。

▼預貯金として滞留する日本の家計金融資産

背景には日本の資産運用リターンの低さがあります。さらにその背景には、日本の家計金融資

●日米英の家計金融資産の推移

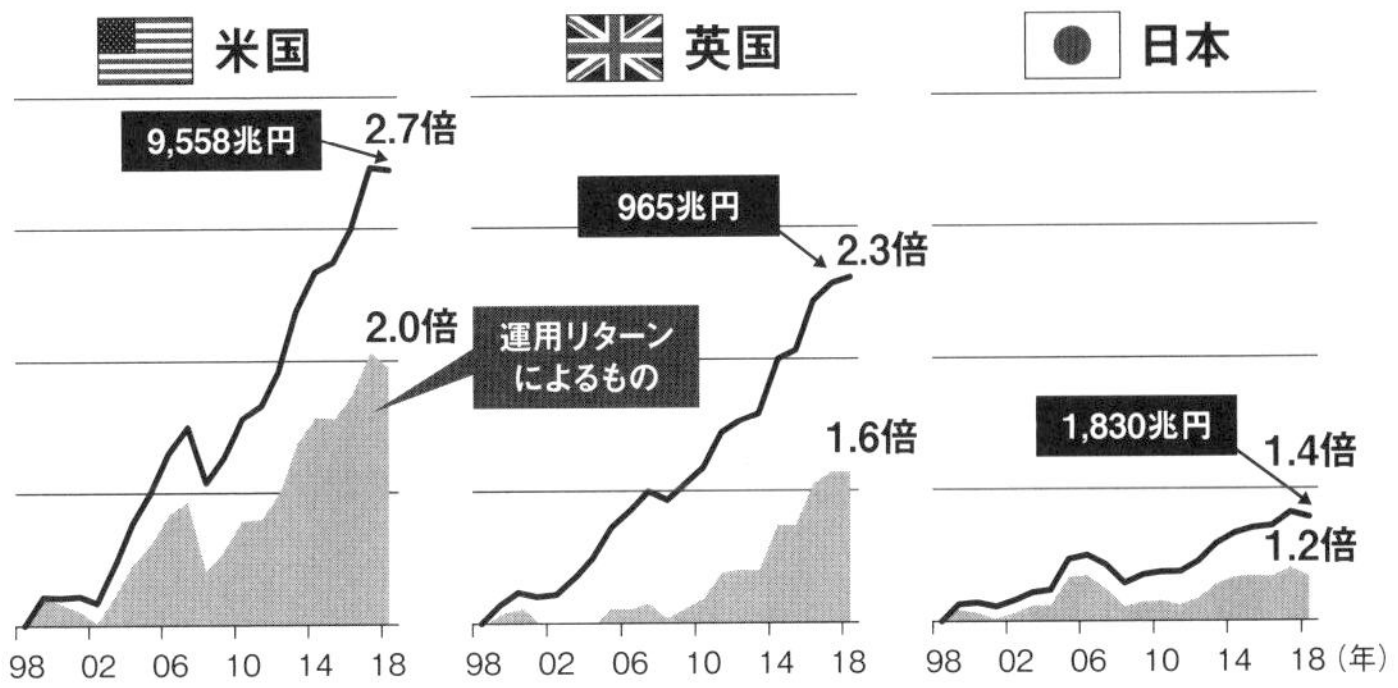

（資料）FRB、BOE、日本銀行より、金融庁作成

産の過半が現金・預金に滞留してしまっていることにあります。

日本の家計金融資産合計に占める現預金の割合は53%と欧米に比べて突出しており、株式・投資信託が占める割合は13・9%と、米国のそれの3分の1以下です。日本の預金金利はバブル崩壊以降、低調に推移しており、例えば三大メガバンクにおける預金金利は目下0・001%という水準です。対して、米国株S&P500の1989～2019年におけるインフレ分を除いた実質リターンは年率7・7%でした。

米国にも、英国と同様にIRA（個人退職口座、Individual Retirement Account）や、日本のイデコのモデルともなった「401（k）」といった税制優遇制度があります。全世帯のおよそ3分の1がIRAを利用し

●金融資産に占める割合

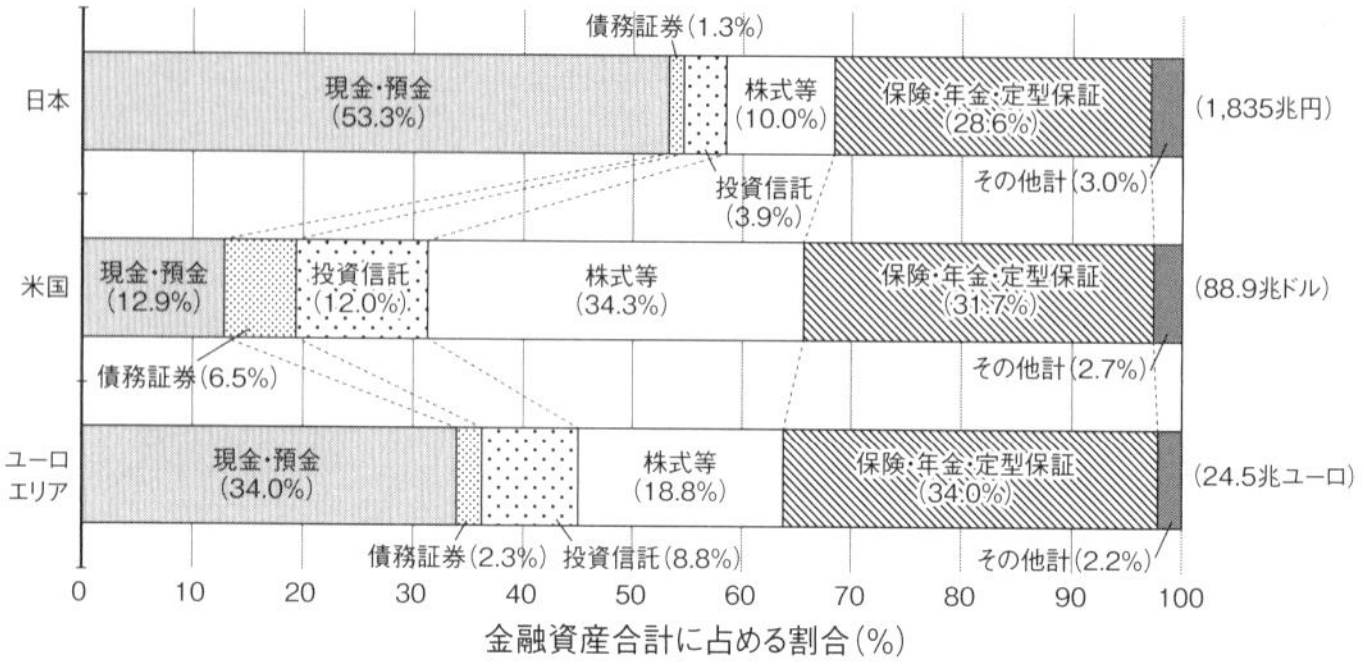

＊「その他計」は、金融資産合計から、「現金・預金」、「債務証券」、「投資信託」、「株式等」、「保険・年金・定型保証」を控除した残差。

ており、制度の浸透度はやはり日本と差があります。

米国では、**「多くの人が投資をする→株価が上がる→(財産・資産)所得が上がる→さらに投資ができる……」**という理想的なスパイラルが顕著です。

▼NISAで再度図る、「貯蓄から投資へ」

日本人は労働時間が長いと言われますが、残念ながらこれまで述べたように、家計金融資産の伸びは米英と比べて緩慢な事実があります。背景には、**日本の家計金融資産が預貯金に大きく偏り、株式が占める割合が低いことがあります。**金融庁もこの事実を認識・憂慮しており、NISA発足に至った背景ともなっています。

以上のような背景を踏まえたうえで、つみたてNISA・一般NISA・イデコの活用術を考えてみます。

●一般NISAとつみたてNISAの違い

制度名	一般 NISA	つみたて NISA
投資方法	通常買付、積立買付	積立買付
対象商品	株式（ETF 含む）、投資信託	投資信託（一部 ETF 含む）
非課税投資枠	120 万円（年）	40 万円（年）
非課税投資期間	5 年間	20 年間
途中引き出し	可能	可能

▼投資方針・価値観で異なる活用法

つみたてＮＩＳＡ・一般ＮＩＳＡ・イデコとありますが、それぞれメリット・デメリットがあります。そのため、投資方針や考え方によって、活用の仕方が変わってきます。つみたてＮＩＳＡは長期間非課税メリットがある一方、1年ごとの投資可能枠は少なく、投資対象も限られます。一般ＮＩＳＡは、1年ごとの投資可能枠が多い一方、投資可能期間が短いです。イデコは、節税メリットがある一方、払い出し可能となる時期まで資金が拘束されます。

▼つみたてＮＩＳＡ・一般ＮＩＳＡの概要

まず、一般ＮＩＳＡとつみたてＮＩＳＡの概要は上の表の通りです。

多くの人にとって使い勝手が良いのは、一般ＮＩＳＡではなく、つみたてＮＩＳＡです。なぜなら、20年間という長い視点で長期的にコツコツ積み立てる形で取り組め、投資期間が長いことにより、利益を創出する可能性も応分に高まるからです。一般ＮＩＳＡは、どちらかと言うと玄人向けです。

▼認識しておきたい、損益通算できないというＮＩＳＡのデメリット

ＮＩＳＡを考えるにあたって、損益通算できないデメリットを認識しておく必要があります。ＮＩＳＡは、**「運用益（譲渡所得や配当所得）に対して非課税となる一方、損失計上の際に他銘柄の利益と損益通算できない」というデメリットが存在します。**損益通算とは、たとえばＮＩＳＡ以外で保有している銘柄で50万円の利益を確定したとします。そして、同じくＮＩＳＡ以外に保有している銘柄で50万円の損失を確定したとします。すると、50万円の利益と50万円の損失を通算することで、プラスマイナスゼロ、つまり損益ゼロとなります。損益ゼロならば税金がかかりません。ところが、ＮＩＳＡ以外に保有している銘柄で50万円の利益確定を行い、ＮＩＳＡで保有している銘柄で50万円の損失を確定したとします。すると、ＮＩＳＡ銘柄は損益通算不可であるため、損益はゼロとならず、利益は50万円のままです。この場合、50万円に対して譲渡税が発生します。

このように、NISAは損益通算できないことにより、デメリットが生じる場合が出てきます。つみたてNISAで20年間という長期投資を行えば、前章で述べた通り、損失リスクは投資期間が長くなるにつれてそれ相応に減っていきます。一方、一般NISAは非課税投資期間が5年間と限定的なため、5年間で利益が出るとは限らず、損失が出た場合に損益通算できないデメリットが表面化します。

▼つみたてNISAに適している人、一般NISAに適している人

以上のようなNISA注意点を踏まえた上で、つみたてNISA・一般NISAそれぞれに向いている人はおおよそ次の通りです。

- **つみたてNISA向きの人：配当にこだわらず、あくまで老後の資産形成目的など長期的に資産の最大化をめざす人や、資産形成をしたいものの、あまり投資に時間をかけたくない人**
- **一般NISA向きの人：個別株やETFで配当金というキャッシュフローを最大化したい人。高配当株・連続増配株などで配当金を積み上げ、近い将来にキャッシュフローを増やすことで、人生の選択肢を増やしたり、セミリタイア・FIREやアーリーリタイアをめざしたい人**

▼つみたてNISAの活用術

つみたてNISAの対象商品は、投資信託や一部ETFに限られ、個別株へは投資できません。年間の非課税投資枠は40万円と少額ながら、**20年間均等に積み立てることで、購入タイミングの分散を自動的に図ることができます。**この場合の時間分散とは、「短期間に一括で資金を投じるのではなく、時間をかけて積み立てていくことで購入タイミングを分散し、高値掴みを避ける」という、長期投資継続の際に、特に精神面でもメリットのある手法です。「1度に多くの資金を割いた結果、そこが相場の中長期的な天井だった」というような状態を避けることができます。

また、投資信託は、ETFや個別株と違い、自動積立ができる証券会社が多く、一度積み立て設定をすれば、あとは自動的に積み立てられるため、手間と時間が省けます。また、先述の通り、**つみたてNISAは運用期間が20年と長い分、損益通算不可というデメリットが生じるケースが発生する確率が、運用期間の短い一般NISAよりも相対的に低くなります。**

▼一般NISAの活用術

私が考える一般NISA最大の特長は、**配当金という定期的な不労所得・キャッシュフローを最大化できることにあります。**例えば、ややマニアックな活用例ながら、先述のARCC（エイリス・キャピタル・コーポレーション）という米国高配当銘柄に、ＮＩＳＡ枠として投資した場合を考えてみましょう。

ＡＲＣＣは、概して金融危機や不況など外部環境に弱いという傾向があるため、主力投資先にはしない方が無難ですが、会計上利益の90％を配当することで法人税が免除される背景もあり、配当利回りは伝統的に高く、概して９％近くあります。こういった企業に一般ＮＩＳＡ枠として投資することで、配当収入を最大化することも可能です。

一例として、１２０万円分を配当利回り９％のＡＲＣＣに投じたケースを考えます。米国株は、配当に対して日本国内の所得税・住民税20・３１５％以外に、10％の米国における源泉徴収がなされます（この10％の源泉徴収は、所得によって、確定申告・外国税額控除の利用により、還付されることもあります）。そのため、非ＮＩＳＡにてＡＲＣＣに１２０万円を投じた場合の税引後受取配当金は次のＡ式の通り、約７万７４５０円です。一方、一般ＮＩＳＡ枠で１２０万円をＡＲＣＣに投じた場合、日本国内の税率20・３１５％が免除となるためＢ式の通り、９万７２００円となります。

A：受取配当金＝支払配当金×0・9（米国の源泉徴収10％）×0・79685（日本国内の税率20・315％）＝約77450円

B：受取配当金＝支払配当金×0・9（米国の源泉徴収10％）＝97200円

よって、受取配当金で2万円の差が生じます。受取配当金を2万円多く得ようとすると、税引後配当利回り3％の株式を前提とした場合、約66万円の元本が必要となるため、インパクトとして小さくありません。

受取配当金を最大化させることは、定期的なキャッシュフローを最大化させることであり、定期的なキャッシュフローが増えれば、目に見えて経済的自由度が上がったり、下落局面での株式買い増し原資になります。経済的自由度が上がれば、人生の選択肢は増え、セミリタイアやアーリーリタイアの実現性が応分に高まります。以上、一般NISAは、配当金を最大化したい人に向いています。そしてほかにも、もうすぐ老後を迎えるなどの事情を背景に5年という短期間で運用し、売却益を非課税にしたい人にも向いています。

ちなみに私は、今まで一般NISAで高配当株に投じ、配当収入の最大化に腐心してきました。**近い将来の配当収入を少しでも増やしたい方におすすめするのは、一般NISAです。**一方、老

後の資産形成など長期的に将来資産の最大化をめざしたい方は、つみたてＮＩＳＡが向いています。

▼イデコのポイントは、60歳まで引き出せない「資金拘束性」

では次に、個人型確定拠出年金「イデコ（iDeCo）」の活用についてです。イデコもメリット・デメリットの両面があり、適する人・適さない人の両面があります。

そもそもイデコとは、自分で作る年金制度のことをいいます。加入者が毎月一定の金額を積み立て（掛け金を拠出する）、あらかじめ用意された定期預金・保険・投資信託といった金融商品で自ら運用し、60歳以降に年金または一時金で受け取ります。イデコとは、あくまで自分で作る「年金」です。必ず認識しておきたいポイントとして、**少なくとも60歳になるまで、積み立てた資金を引き出せない**という資金拘束性があります。

イデコには税制優遇メリットとして、次の３つがあります。

1．積立金額すべてが「所得控除」の対象で、所得税・住民税が節税可能
2．運用で得た定期預金利息や投資信託運用益が「非課税」

●職業別にみる掛け金の拠出額の上限

職業	上限金額
公務員	月額１万2000円
会社員（企業年金あり）	月額１万2000円／２万円
会社員（企業年金なし）	月額２万3000円
専業主婦（夫）	月額２万3000円
自営業	月額６万8000円

3．受け取るとき「公的年金等控除」「退職所得控除」の対象となる

加入対象者も「日本在住の20歳以上60歳未満の方」であれば、原則誰でも始めることが可能です。掛け金の上限金額は上の表の通り定められており、投資対象商品を決めて、毎月積み立て、運用することで、税制優遇を享受した上で「じぶん年金」として老後に受け取ることが可能です。

▼イデコの活用可否は、当人の価値観で大きく異なる

以上を踏まえた上で、イデコに適している・適していない人は主に次の通りです。

- **イデコに適している人：純粋に老後のために資産形成がしたい、公的年金制度だけでなく「じぶん年金」も構築して豊かな老後を迎えたい**
- **イデコに適していない人：老後よりむしろ今を豊かにしたい、老**

後より今のキャッシュフローを増やしたい、将来的にセミリタイアやアーリーリタイア、FIREをしたい

イデコは確かに各種税制優遇メリットがあります。老後の資産形成に適しています。しかし**最大の特長にもデメリットにもなり得るのが、「60歳までは引き出せない」という資金拘束性です。**私はこの点に尽きると思います（なお、2019年末時点で、「60歳」から「60歳~75歳」へ解約時期が変更される見通しが厚生労働省の改革案として示されています）。

60歳まで引き出せないことは、「先取り貯金的な意味合いで、強制的に自分に毎月拠出させることで、老後のための資産形成として一定額を確保する」といったような活用の仕方も可能です。一方で、「60歳まで引き出せないために、若い時にその資金を活用できない」というデメリットにもなり得ます。このあたりは、各人の年齢・お金・時間に対する価値観に大きく左右されるため、ご自身の価値観に合致した形で選択するのが良いと思います。

潰れず増配し続けるアメリカの企業に投資する

本章では、米国企業最大の魅力の1つでもある、増配し続ける企業群に焦点を当てます。長期に渡り増配し続けてきた企業というのは、競争力が過去においては長期的に高かったことを示唆します。なぜなら、あくまで配当の主な源泉は利益であり、キャッシュフローだからです。どういうことか、順を追って説明します。

▼配当金の性質について、理解しておくことが肝要

増配について詳述する前に、まずはこの配当金というものの性質について触れておきたいと思います。配当金は打ち出の小槌ではなく、基本的にきちんと利益があって初めて、それを株主に還元できるものです。配当の性質を確認するために、その企業の「純資産」を見てみましょう。

会計上、貸借対照表（バランスシート）の右下の部分に、純資産という項目があります。

●貸借対照表（バランスシート）の例

純資産の部

株主資本		株主資本
資本金	487,502	
資本剰余金	19,473,464	
利益剰余金	435,699	
自己株式	△2,057,733	
株主資本合計	18,735,982	
非支配株主持分	694,120	
純資産合計	19,922,076	

この純資産内訳に「株主資本」があり、その株主資本を構成する要素の1つとして、「利益剰余金」があります。通常、**配当金は、この利益剰余金という「株主資本」から払い出されます。**何が言いたいかというと、利益剰余金というのは元々「株主資本」、つまり「株主に帰属する資本」ということです。要は、「元々株主に帰属するお金」が配当金という形で「株主」に払い出されるわけです。**いわば、株主が元々自身の資産として保有しているお金の一部が配当金として、株主の手元に払い戻されるようなイメージです。**

また、株式市場には、「配当落ち」という現象が存在します。例えば、1株1000円の株において、1株当たり配当を5円出すとします。この場合、その期の配当を受け取る権利が確定する日の翌営業日に、理論上の株価は配当分5円下がり995円になります。配当が出る分、理論上株価は下がるわけですね。つまり、**配当金という形でキャッシュフローは生まれるものの、実質的には、株主の財布Aから株主の財布Bに移転しているだけ、ということです。**

つまり、配当とは、結局自分の資産を自分で引き出しているということです。「配当は一種の利益確定」と前章で述べた背景には、このようなことがあります。

また、詳しくは後述しますが、税制上、配当を吐き出すたびに課税されるため、配当を出さない株や分配金を出さない投資信託などに比べて、税制上のメリット（課税の繰延効果）がありません。

そのため、税制上の観点からは配当控除（配当所得に対する一定の税額控除）を無視した場合に限り、配当を出す株式は、配当を出すことで、理論上税引後のトータルリターンが下がる要素になり得ます。これら配当の性質・注意点も踏まえた上で、前章で詳述した「配当金というキャッシュフロー」の意義・メリットを再度読むことで、配当に対する理解が深まるのではないかと思います。配当は万能というわけではないということです。

▼配当金の主たる源泉は、利益。増配は過去の堅調な利益推移を示唆

このような配当金の性質を理解すれば、「配当金は打ち出の小槌ではない」という意味が見えてきたのではないかと思います。結局、配当の主たる源泉は利益であるということですね。そしてその配当金を長期にわたって増やしてきた企業というのは、背景に「利益も堅調であってきた」ことを示唆します。もちろん、これまで長期にわたって増配してきたから、今後も増配し続けるとは限りません。しかし、その一方で過去は未来を見渡す上で、1つの判断材料にはなり得ることと、これもまた事実です。

▼連続増配年数の長さ、層の厚さにおいて、出色の米国株

ではまず、米国の「増配を長期にわたって続けた企業」、つまり「連続増配企業」の多さに焦点を当てます。米国企業には通称「配当王(Dividend Kings)」、「配当貴族(Dividend Aristocrats)」という称号が存在します。

- **配当王：連続増配50年以上**
- **配当貴族：連続増配25年以上**

米国企業	連続増配年数	日本企業	連続増配年数
American States Water	65	花王	29
Dover Corp.	64	リコーリース	24
Northwest Natural Gas	64	SPK	21
Emerson Electric	63	小林製薬	20
Genuine Parts Co.	63	三菱 UFJ リース	20
Procter & Gamble Co.	63	ユー・エス・エス	19
Parker-Hannifin Corp.	63	トランコム	19
3M Company	61	沖縄セルラー電話	18
Cincinnati Financial	59	プラネット	18
Johnson & Johnson	57	リンナイ	18
Coca-Cola Company	57		
Lancaster Colony Corp.	57		
Lowe's Companies	57		

２０１９年11月末時点で、連続増配50年以上の配当王が実に29企業存在します。また、連続増配25年以上、50年未満の配当貴族は、１０９もの企業が名を連ねます。この数の多さは、日本企業と比べると一目瞭然です。上の表は、２０１９年11月末時点の日米の連続増配企業を比較したものです。

一瞥してわかる通り、米国企業の連続増配年数の長さ、そして層の厚さは出色のものです。特に、日本人にも馴染みの会社が数社ランクインしています。

- 世界最大の一般消費財メーカーＰ＆Ｇ（プロクター・アンド・ギャンブル）、
- 付箋「ポストイット」でおなじみの化学・電気素材メーカー３Ｍ（スリーエム）、
- 製薬・医療機器・ヘルスケア製品を取り扱うジョ

ンソン・エンド・ジョンソン、
・コカ・コーラや綾鷹でお馴染みのコカ・コーラ

など、我々日本人の生活に根差した企業群が目を引きます。ジョンソン・エンド・ジョンソンならバンドエイド、コンタクトレンズ。スリーエムならポストイットにマスキングテープ。P&GならばアリエールにレノアⅠ、ファブリーズ。コカ・コーラならコカ・コーラに加え、綾鷹にアクエリアスに爽健美茶、といった具合に、普段何気なく生活している際に身近にあるものとして浸透しています。これがブランド力の一端です。

私たち消費者は、何かを買うときに「爽健美茶はコカ・コーラ社の製品」で、「ポストイットはスリーエムの商品」で、「レノアはP&Gか」、などと考えることはあまりありませんが、爽健美茶・ポストイット・レノアという商品名は、日本人ならばほとんど誰もが知っているのではないかと思います。一方その商品が生む利潤は、米国企業が握ります。私たちは知らず知らずのうちに、世界的に展開する米国企業の売り上げに貢献しているという側面も垣間見えます。一方で、その米国企業の株主になることで、利潤の一部を還流することも可能になる、という側面もあります。

以上、米国企業は、連続増配年数が長く、そしてその層も厚いことがわかりました。

▼連続増配企業に投資する最大の魅力とは

さらに、連続増配企業の最大の魅力について説明します。**連続増配企業の最大の魅力は、ずばり景気後退（リセッション）や金融危機（リーマンショック等）の相場状況に関わらず、歴年の増配を重ねてきた点に尽きます。**これは、長期投資を続けていく際に、精神面でもリターン面でも両面においてサポート材料になり得ます。

▼連続増配企業が示した、配当の下がりにくさ

精神面でのメリットについて述べます。市場全体的に株価が下落する局面では、株式を保有している限りはどうしても値下がりに見舞われます。しかしそんな中でも、増配を積み重ねてきたのが配当貴族であり、配当王といった連続増配企業群です。株価は下がっても配当が下がりにくいという、配当の下方硬直性が過去見られたということです。こういった企業をポートフォリオの中核に据えていると、1つの安心材料になり得ます。

先に述べた通り、株式投資というプラスサムゲームを通じて、安定的に資本主義の果実を享受

するには、長期投資が適しています。そして長期投資を続ける際に、配当金が大きな役割を果たします。長期投資を続ける際に肝になってくるのは、下落局面です。下落局面は資産が目減りするため、精神的に耐えられず、損切りして資金を引き揚げ、株式市場から撤退してしまいがちです。しかし、株価が下がっている時こそ、配当金を再投資することで、より多くの株式を購入できるという恩恵を見いだすことができます。この精神面でのメリットは大きく、**下げ相場でこそ配当金というキャッシュフローは輝くのです。**

▼良好なリターンを叩き出してきた連続増配企業

配当金を重視した投資の特長として、「**相場が上がっても、下がっても、うれしい**」と思える点が挙げられます。相場が好調な時は、資産額が増えてうれしいですし、相場が低調な時は、株価が下がっているので、多くの株数を購入できます（ただし、業績が低迷し続けるような銘柄等は除きます）。そしてその下げ相場でも配当を増やし続けてきた連続増配企業が配当を増やせば、増えた配当金で、さらに株数を増やすことができます（もちろん必ずしも今後も増配されるとは限らないことには注意が必要です）。これが、次の上昇相場で「アクセル」の役割を果たします。これがリターン面におけるサポート材料です。

●米国の連続増配がもたらしたリターン

連続増配年数	米国企業	年率リターン
57	Lowe's Companies	20.34%
57	Lancaster Colony Corp.	16.40%
65	American States Water	14.81%
63	Parker-Hannifin Corp.	14.35%
59	Cincinnati Financial	12.92%
57	Johnson & Johnson	12.45%
64	Dover Corp.	12.27%
63	Procter & Gamble Co.	11.44%
57	Coca-Cola Company	10.43%
61	3M Company	10.41%
63	Emerson Electric	10.35%
-	S&P500	10.24%
63	Genuine Parts Co.	10.03%
64	Northwest Natural Gas	9.55%

※1991年～2019年11月末、配当再投資込み、インフレ調整前、税考慮なし。

実際に先ほど挙げた連続増配企業ランキング上位の米国企業と市場平均（S&P500）のリターンを比較したものは、上の表の通りです。13企業中、実に11企業が市場平均を上回るリターンを叩き出しています。

このように、連続増配企業は、1987年のブラックマンデー、1997年アジア通貨危機、2000年代初頭のITバブル崩壊、2008年リーマンショックなど市場全体が大きく下落する局面でも配当を増やし続け、その配当を相場低迷期に再投資することで、高いリターンが実現したことを示す好例と思います。

●ジョンソン・エンド・ジョンソン1株当たりの配当金推移

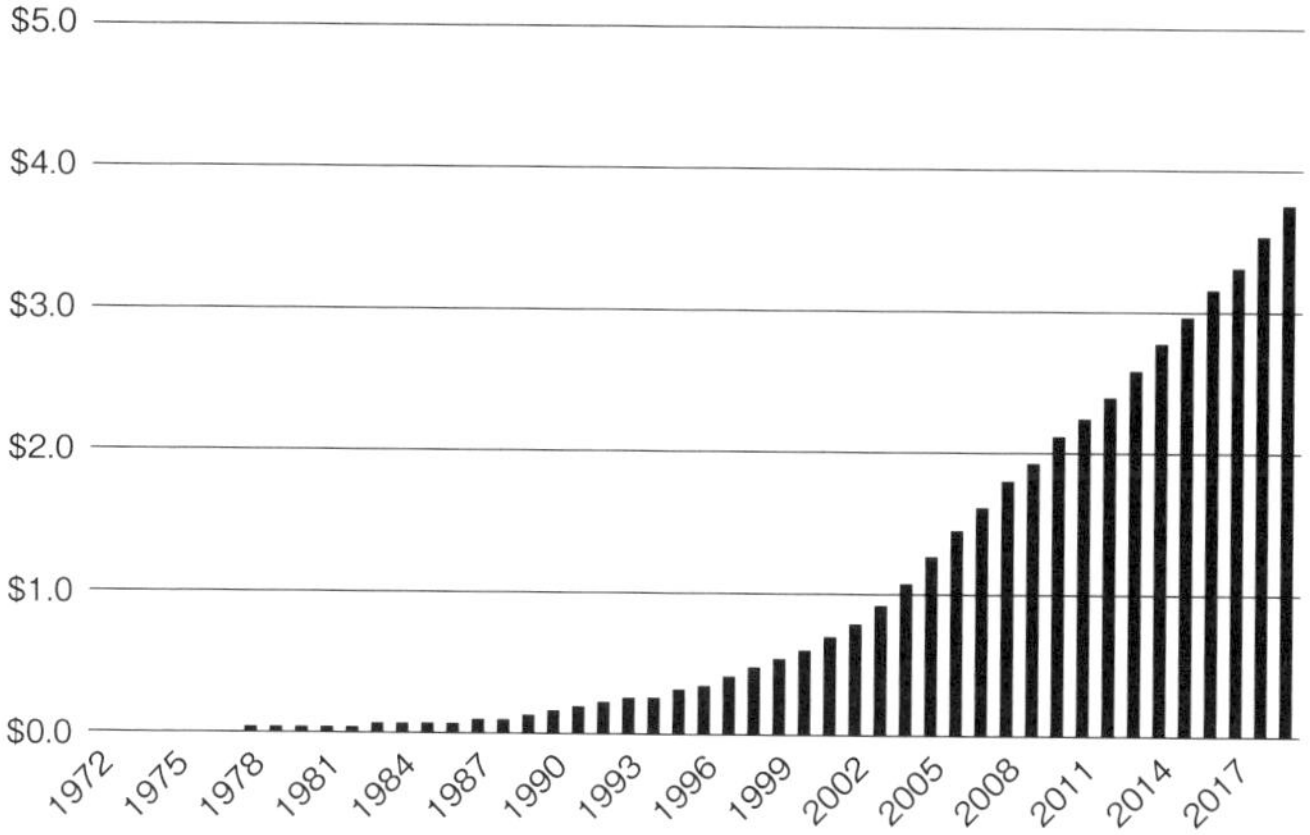

▼米国を代表する連続増配企業「ジョンソン・エンド・ジョンソン」

上のグラフは、連続増配年数57年を誇るジョンソン・エンド・ジョンソンの1972～2019年における、1株当たりの配当金の推移を示したものです。同データは、同社ホームページで公表されています。

1972年に0・009315ドルだった1株配当は、1989年に0・14ドル、1999年に0・545ドル、2009年に1・93ドル、2019年に3・75ドル。直近30年間で26・8倍、20年間で6・9倍、10年間で1・9倍と年を追うごとに配当が増えてきたことがわかります。これが連続増配銘柄に長期投資していた際の魅力です。

●連続増配かつ高配当な企業群

ティッカー	企業名	連続増配年数
JNJ	ジョンソン・エンド・ジョンソン	57年
MO	アルトリア・グループ	50年
ABBV	アッヴィ	46年
XOM	エクソンモービル	37年
T	AT&T	36年
IBM	アイ・ビー・エム	24年
SO	サザン・カンパニー	18年
VZ	ベライゾン・コミュニケーションズ	13年
DUK	デューク・エナジー	13年

さらに、ジョンソン・エンド・ジョンソンの特徴の1つとして、同社IRページに設けられているツール「Investment Calculator」があります。当該ツールを用いると、「○○年○月○日に、いくら投資すると、今現在いくらになっているか」が算出可能です。たとえば、約30年前の1988年12月1日に同社に投資していた場合、株価は実に2019年12月19日時点で、18・97倍になっていることになります。このように瞬時にリターンを計算できるツールを自社HPに載せていること自体が、株主に対して長期的にリターンをもたらしてきた自信の表れとも見えます。

なお、私も上の表に示すような、連続増配かつ高配当な米国企業に投資しています。やはり定期的なキャッシュフローである配当金を多く享受できることに加え、リセッション等の外部環境の悪化に際しても増配し続けてきた実績も、これら銘柄への投資理由の1つになってきます。

以上から、**米国には多くの連続増配企業があり、連続増配年数も長く、過去株主にもたらしたリターンも良好な企業群である**ということを、述べてきました。とはいえ、「でも結局どの連続増配銘柄を買えば良いの?」「会社ごとの違いや業績なんてよくわからない」と思う方もいらっしゃると思います。そこで、資産運用になじみのない方でも取り組みやすい投資対象について次章で詳しく説明します。

米国株ETFを買い続けるのが一番カンタン

これまで高配当株や連続増配株について述べてきましたが、資産運用・株式投資になじみのない方にも取り組みやすい投資対象は、ETFです。

▼ETFとは何か

ETFとは、「Exchange Traded Fund」の略で、日本語では上場投資信託のことをいいます。たとえば、TOPIXとは、東京証券取引所によって発表される、東証第1部の全銘柄の動きを反映した株価指数のことです。このTOPIXに連動するETFは、TOPIXの値動きとほぼ同じ値動きをするように運用されます。

つまりこのETFを保有することで、「TOPIX全体の投資」とほぼ同じ効果が得られます。

このTOPIXに連動するETFは、平たく言うと、「**トヨタ自動車、NTTドコモ、三菱UFJフィナンシャル・グループなど多数の日本の上場企業にまるっと一気に投資できる金融商品**」ということです。

▼ETF最大の魅力は低コストで分散投資できること

このETFという金融商品が優れている点は、ずばりその分散性にあります。どういうことかと言うと、トヨタ自動車1銘柄・NTTドコモ1銘柄をいちいち買い付ける必要はなく、その**ETFを1つ買えば、数十・数百の企業に分散投資したことになります**。

株式投資と言うと、「倒産すると紙くずになって無価値になるんでしょう?」「倒産すると大損」というイメージがあると思います。確かにその通りです。しかし、数十から数百の企業に分散投資すれば、そういった**個別企業の倒産によって投資家がこうむるリスクを大幅に減らすことができます**。たとえば、500社に分散投資するETFであれば、そのうち1社が倒産して株価が0になったとしても、そのETFが受ける影響はわずかです。

こういったETFをわずか0・1%以下の手数料率で数多く組成しているのが、米国の資産運用会社です。米国においてETFを組成する資産運用会社は主に次の3つがあります。

1. ブラックロック
2. ザ・バンガード・グループ
3. ステート・ストリート

この3大資産運用会社が組成するETFは、基本的に低コストで分散を図れるものが多数揃えられています。巨額の運用資金も背景に、手数料（経費率）が安く抑えられています。日本の一部の金融機関のように、高い手数料を取られることはありません。

▼ETFは、手間も時間もあまりかからず、楽ちん

また、「いちいち企業の決算や経営状況をチェックしている暇や労力なんてないわよ」という方もいらっしゃると思います。そういう方にもETFは適しています。先ほど述べた通り、分散投資によって個社の業績におけるリスクは分散されているため、個社の決算や経営状況をチェックする必要はありません（数十～数百に分散投資している以上、すべての投資企業の決算や経営状況をチェックするのは物理的にそもそも不可能です）。ただし、いくらリスクが分散されているとはいえ、市場全体の株価が下がる場合、ETFも同様に下がります。

前段でご紹介したSBI証券が提供する「ETF自動積立サービス」を一度設定すれば、定期的に自動買い付けが行われ、自動的にETFの分配金が振り込まれます。この分配金は、まさに定期的に振り込まれる不労所得・キャッシュフローです。多くの時間を費やすことなく、手間をかけることなく、継続して長期投資が可能ですし、分配金も定期的に享受できます。その分配金で生活費の一部をまかなうも良し、再投資に回してさらに資産・分配金の最大化に努めるも良し、といった具合です。

▼時間と知識があるからと言って、リターンに直結するとは限らないのが、株式投資

私は、投資が半ば趣味化しており、一定程度の時間を「個々の企業分析」に割くことが苦痛ではないため、個別株投資をしています。しかし、1つみなさんに知って頂きたいのは、「**時間をかけたからと言って、企業の業績や財務状況を深く知っているからと言って、投資収益に直結するとは限らない**ということです。もちろん、業績や財務は知っておくに越したことはありません。しかし知識や費やした時間の多寡が、必ずしもリターンに直結するとは限らないのが株式投資です。なぜなら、いくら知識があって、いくら企業分析を行っていても、未来を読み切ることはできないからです。

▼株式投資には一種の「あきらめ」が必要。その意味でもETFは好適

かつて東京電力は「債券」と呼ばれるほどに、業績や配当の安定性が優れた株式の代名詞でした。その頃から東京電力は原子力発電所に関わっていました。その頃から事業ポートフォリオに原子力発電所はありました。その後、東日本大震災が発生し、その原子力発電所の甚大な潜在的リスクが顕在化しました。つまり、大震災発生以前は、原子力発電所の潜在的なリスクを市場が過小評価していたわけです。だからこそ、株価も急落しました。

このように、企業のリスクを読み切ることは難しいです。知識が多くとも、業界に精通していようとも、成功するとは限らないのが株式投資の世界です。だからこそ面白くもあるわけですが、一方で、一種の「あきらめ」が必要です。**未来の株価や業績を見通すことは不可能である、と積極的にあきらめることも必要です。**この「あきらめ」という観点からも、ETFには合理性があります。なぜなら、時間をかけず、ETFを用いて数十~数千の株式に分散投資することは、一種の「あきらめ」だからです。つまり、ハナから「自分の株式投資における力量や運」に賭けることを「あきらめ」て、市場に存在する企業にまんべんなく投資することで、高い時間対効果を期待することが、ETFへ投資することでもあるからです。

▼ETFは市場に広く分散して投資するもの。未来の明るい国へ投資する

さて、ここで2点ほど注意点があります。先ほど、自分の株式投資における力量や運に賭けることを「あきらめ」て、市場に存在する企業にまんべんなく投資することで、高い時間対効果を期することが、ETFへ投資することでもある、と述べました。これはあくまで、米国企業に投資するETFが前提になります。なぜなら、前段で述べた通り、米国株というのは、過去右肩上がりで、今後も下落局面を挟みつつも長期的には右肩上がりを最も期待できる国である、と思わせるに足る要素が現時点では多いからです。**ETFを利用することで、ある国の株式市場にまんべんなく投資するということは、その国の企業全体の将来に賭けることを意味します。**なぜなら、その国の株式市場全体が下がってしまえば、当然その国の市場に広く分散して投資するETFの価値自体も下がってしまうからです。よって、市場の未来が明るいと思われる国の企業へ分散投資しているETFに投資しましょう、ということです。そしてそれは現時点では米国であると私は考えています。ゆえに、米国株に広く分散されたETFへの投資が有力です。

▼ETF人気は過熱化、そのデメリットとは

もう1つの注意点として、ETFが史上最大に人気化していることです。これまでETFについて述べてきた通り、ETFの有用性は高く、多くの投資家がETFを買っています。先ほど、ETFは、分散投資によって個社の業績におけるリスクも分散されているため、個社の決算や経営状況をチェックする必要はないと述べました。これはETFのメリットの1つですが、ETFに対する人気が過熱化することで、これが逆にデメリットにもなり得ます。

なぜなら、投資家の多くが個別企業の決算や業績などをチェックせずにETFを通してその企業群の株式を購入することで、その企業の実態とかけ離れて高い株価になってしまう可能性があるからです。これは、投資家全員が債務状況や業績をチェックして株式を購入するケースよりも、市場メカニズムが働きません。市場メカニズムとは、企業の実態に合わせて適正な株価を形成するという、値付け機能です。**市場とは本来、適正な値付けをする際に有用となるものですが、ETF人気が過熱化することで、その機能自体が一部失われかねないという皮肉な結果が起こる可能性があるということです。**その場合、何かしらの事象がきっかけで、急速に適正な株価に揺り戻される事態が起こり得ます。それはつまり、暴落です。

このように、ＥＴＦは完全無欠の商品ではないことは、頭の片隅に置いておきたいところです。もっと言うと、完全無欠の金融商品は存在しないと考えて良いと思います。ただし、このようなデメリットはあるものの、ＥＴＦはやはり非常に優れた商品です。ですから、有力な投資対象がＥＴＦであることに変わりはありません。

では次に、具体的にどのようなＥＴＦが候補となるのかを紹介します。次章で紹介するＶＴＩのほか、次の３つの米国高配当株ＥＴＦです。

1. VYM（バンガード）
2. HDV（ブラックロック）
3. SPYD（ステート・ストリート）

米国高配当株ＥＴＦとは、米国の高配当株式に分散投資されたＥＴＦです。カッコ内は、そのＥＴＦを組成する資産運用会社です。いずれも先ほど紹介した米国の３大資産運用会社です。なぜ米国株かは、これまで右肩上がりで、今後も下落を挟みつつも長期的には右肩上がりを期待できる、と思わせるに足る要素が現時点で多いからです。なぜ高配当株かは、これまで述べた通り

「定期的な不労所得・キャッシュフロー」という多数のメリットを享受できるからです。

ETFを評価する際に、見ておきたいポイントは次の通りです。

1. **設定日・過去最大ドローダウン・過去株価下落率**
2. **銘柄数（分散度合い）**
3. **経費率（手数料水準）**
4. **過去設定来リターン・株価推移**
5. **連動する指数から著しく乖離していないか**
6. **配当利回り（分配利回り）**
7. **資産運用会社・流動性**
8. **構成銘柄**
9. **セクター構成**

これらの要素は投資する上で、認識しておきたいところです。これらの要素を一覧にしたのが次のページの表です。

●米国高配当株ETFの比較

	SPYD	HDV	VYM
設定日	2015年 10月21日	2011年 3月29日	2006年 11月10日
銘柄数	80	75	399
配当利回り	5.12%	3.78%	3.44%
経費率	0.07%	0.08%	0.06%
設定来リターン(年率)	8.44%	8.95%	6.83%
設定来指数との乖離(年率)	0.13%	0.25%	0.1%
過去最大ドローダウン	−13.38%	−13.63%	−51.79%

※2020年2月末時点。配当利回りは直近1年間の配当を株価で割った値

チェックポイント①：
設定日・過去ドローダウン・過去株価下落率

過去最大ドローダウンとは、「投資対象の累積利益が最も下落した時の下落幅を示したもの」です。ＥＴＦと言えども、下落しないということはありません。市場全体が下落すれば、ＥＴＦも同じように下落します。そのため、「過去これぐらい下落したことがあるのだな」、ということはあらかじめ認識しておきたいところです。**株式投資は、半値にもなり得るというリスクを承知の上で、リターンを得るものとも言えます。**リスクなしでリターンを得ることは、市場において基本的に非現実的ですから、その点は留意しておく必要があります。

設定日は３つのＥＴＦで大きく異なります。一番のポイントは、ＶＹＭのみがリーマンショック前に運用が始まっ

たＥＴＦだということです。そのため過去最大ドローダウンはＶＹＭが最も大きく、51・79％です。

これはリーマンショックで市場が暴落した２００７年６月から２００９年２月にかけて記録した最大下落率です。対してＨＤＶ、ＳＰＹＤはリーマンショック以降に運用が始まったＥＴＦです。そのため、２０２０年２月末時点では過去最大下落率は新型コロナウイルス拡大時期の13％程度に留まる形となっています。ＶＹＭがＳＰＹＤやＨＤＶに比べて暴落に弱いというわけではなく、単にリーマンショックを経ているか経ていないかという違いによって生じた最大ドローダウンの差ということです。

なお、リーマンショックによる大暴落が起きた時、ＶＹＭの株価はおよそ半分になりました。２００９年３月５日にＶＹＭは22・93ドルまで下落。直近高値は２００８年４月３日の48・62ドルですから、**下落率は53％です。**分散されたＥＴＦでも市場全体が暴落すれば、やはり連られて暴落します。**このように過去にどの程度下落したことがあるかということは心に留めておき、心の準備をしておきたいですね。**

ちなみに、ＶＹＭの配当金はリーマンショックの際、直近の四半期配当４回の合計ベースで、

1・56ドルから1・08ドルへ31％の減配がなされています。株価は53％下落した一方、配当金は31％の減少でしたので、**配当は株価に比べて下がりにくい傾向がある**ことをここでも読み取ることができます。これは、下落局面における一部の高配当株に見られる傾向の1つであり、心理的に強力なサポート材料にもなり得ます。

チェックポイント②：銘柄数（分散度合い）

ETFに組み込まれている銘柄の数はVYMが最も多く399、次いでSPYDの80、そしてHDVの75です。50以上の銘柄に分散されていれば、まず「分散は図れている」と考えられるので、SPYDやHDVも十分に分散されていると見てよいと思います。分散されている数が多いから優れているというわけではなく、「極端に銘柄数が少なくないか」という点がチェックポイントです。

チェックポイント③：経費率（手数料水準）

経費率とは、ETF保有時のコスト（手数料）のことです。購入時に発生する手数料のコスト、配当時の課税コストなど、ほかにもコストがありますが、この3つのETF同士の比較をする際に注目したいのは、保有時のコストである「経費率」です。経費率とは、資産運用会社がETFを運用するために必要な費用を、純資産総額に対する割合で示した値です。要は、**ETFを保有する際に発生するコスト**とご理解頂ければと思います。

経費率の内訳で主なものは「信託報酬」です。信託報酬とは、「毎日一定の割合で差し引かれる」性質の費用であり、毎日基準価額が更新される際に差し引かれる形で自動的に徴収され、株価に反映されます。

3つのETFとも、経費率は0・1%以下で全く問題ありません。 経費率は安ければ安いほど、投資家にとってはありがたいです。なぜなら投資家が負担するコストが減るからです。しかしこの3つのETFの**経費率の差はわずか0・01%レベルの誤差の範疇であり、3つのETFとも大差ありません。** 世の中には1%以上の信託報酬を設定している投資信託やETFもありますが、私は投資対象から問答無用で外しています。1%以上ともなると、長期投資をしていく際にボディブローのように、継続的にリターンを下げていくからです。

●各ETFの価格推移

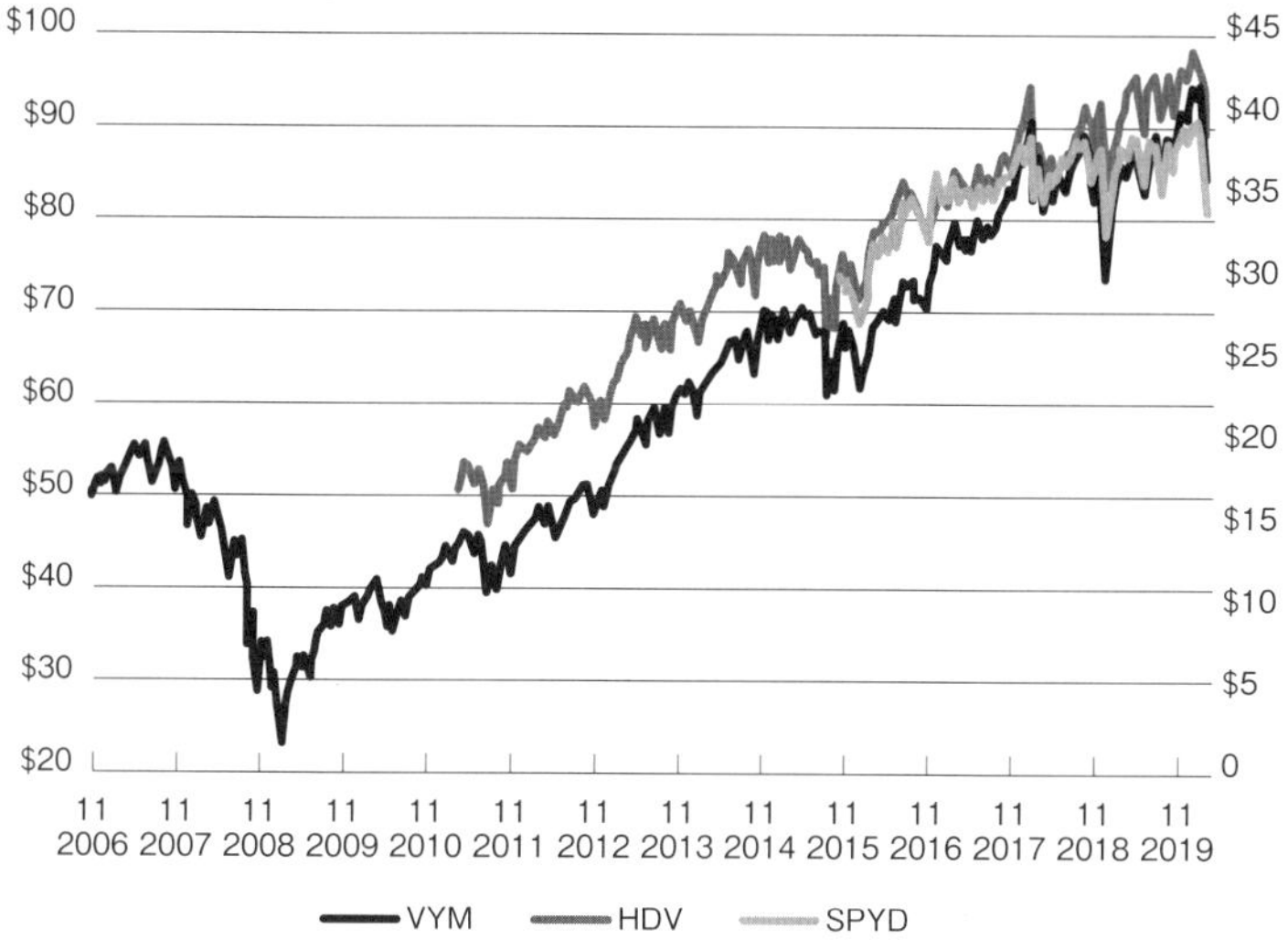

チェックポイント④：過去設定来リターン・株価推移

２０２０年2月末までの設定来リターン・株価推移は、前表や上のグラフの通り、コロナショックまでの上昇相場においては、堅調な推移を見せています。ただし、景気サイクルの観点から次に控えるはリセッションであり、一定期間の低迷も予想されます。株価が低迷するということは、低迷以前よりも株式を安く買えるということです。そのため、低迷期は株式投資を始めやすいタイミングだと思います。

３つのＥＴＦはすべて設定時期が異なるので、設定来リターンを各ＥＴＦで比較すること自体に意味はありませんが、３つのＥＴＦ

とも設定来リターンが良好であってきたことは確認することができます。VYMの年率7％というリターンは、10年間で約2倍になる値です。また、SPYDやHDVの年率約8％のリターンというのは、およそ9年間で2倍になるという良好なリターンを示しています。ただし、一本調子に永遠に上がり続けることはなく、今後もどこかの時点で下落や暴落を挟むであろうことは意識しておきたいところです。

チェックポイント⑤：設定来指数との乖離

ETFは、特定の指数（指標）の動きに連動するように運用されている金融商品です。しかし、運用管理費用（信託報酬）などの多様な要因により、指数から一定程度は乖離してしまう傾向があります。

連動する指数はETFごとに異なりますが、これら3つのETFの乖離率は設定来で0・3％以下と、いずれも大きくありません。ここが著しく乖離していると、「何らかの原因で今後もリターンが、連動をめざす指数より劣る」と予想されますから、そういったETFはできれば避けたいところです。

●課税の繰延効果の有無とリターンの差

	年度	1	2	3	4	5	6	7	8	9	10
配当あり（＝繰延効果なし）	元本	100	103	106	110	113	117	121	125	129	133
	配当金	4.0	4.1	4.3	4.4	4.5	4.7	4.8	5.0	5.1	5.3
	課税額	0.8	0.8	0.9	0.9	0.9	1.0	1.0	1.0	1.0	1.1
	実現益	3.2	3.3	3.4	3.5	3.6	3.7	3.8	4.0	4.1	4.2
	最終収益										137
配当なし（＝繰延効果あり）	元本	100	104	108	112	117	122	127	132	137	142
	実現益	4	4.2	4.3	4.5	4.7	4.9	5.1	5.3	5.5	5.7
	課税額										10
	最終収益										138

※単位:万円。適用税率は20.315%。投資元本100万円。投資期間10年。運用利率が4%の場合。

チェックポイント⑥：配当利回り（分配利回り）

配当利回りはSPYD→HDV→VYMの順となっています。これら3つのETFは、四半期ごとに投資家へ分配金（配当金）が出されます。配当利回りが高いということは、配当金という定期的な不労所得・キャッシュフローがその分、最大化されることになりますから、配当を選好する投資家にとっては、基本的には好ましいことです。

ただし、先に述べた通り、配当金を受け取るたびに課税されます。配当金が多いことはキャッシュフローが増えて喜ばしいことではあるのですが、長期的に見ると、分配金を出さない商品に比べて、税金を先送りにできないという点においては、配当控除を考慮しない場合に限り理論上リターンが下がる要素となり得ます。リターンが下がり得る

●課税の繰延効果と運用利回り・投資期間の関係

利回り	繰延	10年	20年	30年
2%	繰延なし	117	137	161
	繰延あり	117	139	165
4%	繰延なし	137	187	256
	繰延あり	138	195	279
6%	繰延なし	160	254	406
	繰延あり	163	276	478

※単位:万円

要因として、課税の繰延効果の有無が挙げられます。

課税の繰延効果とは、「分配金は出るごとに都度課税されるのに対し、分配金がない商品の場合、課税されないため、最終年度に利益確定できた場合に、課税が先送りされること」をいいます。分配金あり（繰延効果なし）の場合と分配金なし（繰延効果あり）の場合の年度ごとの運用結果は前ページの表の通りです。

現在の株式投資で得た利益に対する適用税率は20・315％ですから、投資元本100万円、投資期間10年、運用利率が4％の場合、配当ありとなしの場合で、約1万円の差が生まれます。

ちなみに、運用利回りと投資期間により、繰延効果のある／なしで、想定される最終収益は上の表のような違いが出ます。

このように、長期で見ると差は生まれますが、そのような理論上のデメリットをはるかに上回る実感を得られるのが配当金という不労所得であり、キャッシュフローです。

さて、繰り返しになりますが、配当利回りはSPYD→HDV→VYMの順ですので、現時点ではSPYDが配当金を最も享受できるETFです。対してVYMは、30年という長期かつ年間利回りが6％を超えるという前提で見た場合、配当に対する課税によるデメリットが有意に小さくなると言えます。

以上の観点からは、直近の配当金を最大化したい方は、SPYDが向いていると言えます。対して、長期投資することを前提に、さらに今後も米国株は6％を超えるような良好なリターンが得られると想定する場合、VYMが向いていると言えます。このような整理が理論上は可能です。なお、あくまで理論は理論であって、「理論」と実際に投資を行う上での「実践」はまた別のお話です。いかに心地よく投資を続けていくのかが長期投資においても極めて重要ですから、後段のコラムを併せてご一読頂ければと思います。

チェックポイント⑦：資産運用会社・流動性

資産運用会社は、ＥＴＦの信頼性を測る上で参考程度に認識しておきたいところです。ただし、たとえ資産運用会社が倒産しても、米国株の場合、ＤＴＣ（Depository Trust Corporation）と言う形で顧客の資産は運用会社とは別に保全される方法が採られているため、特段問題はないと考えられています。いずれにしても、米国の３大資産運用会社であるブラックロック、バンガード、ステートストリートのいずれかであれば、商品に対する信頼性としては現時点で問題ないでしょう。

また、ＥＴＦをチェックする際は、流動性の有無についても把握しておきたいところです。流動性とは、売買が成立した量を示す言葉であり、流動性が低いと、希望する取引所価格で売買が成立しないことがあるので注意が必要です。ただし、これら米国３大資産運用会社が組成する米国市場上場のＥＴＦであれば、流動性は基本的に問題ないと考えられます。結局、ＥＴＦの性質上、構成銘柄の流動性が最も重要です。今回取り上げたＥＴＦの構成銘柄はいずれもそれなりの大企業が多く、一定の流動性を持ちます。

●SPYDの上位10銘柄

	銘柄	構成比率
1	Nordstrom Inc.	1.70%
2	AbbVie Inc.	1.60%
3	Newell Brands Inc	1.60%
4	Western Union Company	1.60%
5	Leggett & Platt Incorporated	1.60%
6	Seagate Technology PLC	1.50%
7	Campbell Soup Company	1.50%
8	Kellogg Company	1.40%
9	AT&T Inc.	1.40%
10	Weyerhaeuser Company	1.40%
上位 10 銘柄合計比率		15.30%

●HDVの上位10銘柄

	銘柄	構成比率
1	AT&T Inc.	9.90%
2	Exxon Mobil Corp.	9.70%
3	Johnson & Johnson	6.70%
4	Verizon Communications Inc.	6.60%
5	Chevron Corp.	6.10%
6	Wells Fargo & Co.	5.40%
7	Pfizer Inc	5.30%
8	Cisco Systems Inc	4.20%
9	Coca-Cola	4.10%
10	Pepsico Inc	3.50%
上位 10 銘柄合計比率		61.60%

●VYMの上位10銘柄

	銘柄	構成比率
1	JPMorgan Chase & Co.	3.90%
2	Johnson & Johnson	3.40%
3	Procter & Gamble Co.	2.80%
4	Exxon Mobil Corp.	2.70%
5	AT&T Inc.	2.60%
6	Intel Corp.	2.40%
7	Verizon Communications Inc.	2.30%
8	Merck & Co. Inc.	2.10%
9	Chevron Corp.	2.10%
10	Wells Fargo & Co.	2.00%
上位 10 銘柄合計比率		26.50%

チェックポイント⑧：構成銘柄上位10社

各ETFが、具体的にどのような銘柄で構成されているのかを見てみましょう。前ページと上の3つの表は2020年1月時点における構成比率順の上位10銘柄と、その構成比率をまとめたものです。

構成銘柄を見てみましょう。2つ以上のETFに組み入れられている銘柄をグレーアウトで表示しました。VYM・HDVの銘柄を見ると、エクソンモービルやジョンソン・エンド・ジョンソンなど、日本でも目にしたこと、聞いたことのある企業が複数あるのではないかと思います。ＶＹＭ・ＨＤＶともに米国のメジャーな大型株が組み込まれており、上位10銘柄の半数以上が、ＶＹＭ・ＨＤＶの両方に大きく組み込まれていることがわかります。対してＳＰＹＤの上位10銘柄は、なじみのない企業が多いかもしれません。しかし2位・5位・7位・8位・9位の銘柄は、いずれも米国では認知度の高い企業です。5位のレゲット&プラットは、連続増配年数が40年を超える家具や備品を製造する優良企業であってきました。

構成比率を見てみましょう。ＨＤＶは上位10銘柄で占める構成割合が61・6％と非常に高く、やや構成に偏りが見られます。ＶＹＭは26・5％と比較的均等に分散されています。ＳＰＹＤは均等分散型と呼ばれるＥＴＦだけあって、上位10銘柄で見ても各銘柄の構成比率が1・4〜1・7％とほとんど差がありません。ほぼ均等に分散されていることが特徴です。構成比率が偏っていると、構成比率の高い銘柄のＥＴＦに対する影響が大きくなります。

このように、同じ高配当株ＥＴＦと言えども、三者三様の構成具合となっています。ＥＴＦを保有する際は、実際にどのような銘柄で構成されているのかを把握しておくと、自身の投資に対する理解・イメージがしやすくなると思います。

チェックポイント⑨：セクター構成

米国株には、「セクター」という概念があります。セクターとは、業種・産業分類のことであり、米国株は次のような11種のセクターで区分されています。

1. 生活必需品
2. ヘルスケア
3. 公益事業
4. 情報技術
5. 資本財
6. エネルギー
7. 通信サービス
8. 一般消費財
9. 金融
10. 素材
11. 不動産

これら11種のセクターにおける代表的な銘柄は次のページの通りです。代表的な銘柄だけあって、聞いたことのある企業が多いかと思います。

2020年1月時点におけるSPYD、HDV、VYMのセクター構成は169ページの表の通りです。

SPYDは不動産が多く、HDVはエネルギーが多く、VYMは金融が多いという特徴があります。それでは、SPYDに多い不動産、HDVに多いエネルギー、VYMに多い金融、というセクターごとの特徴を解説します。

SPYDに多い不動産セクターの特徴として、**同セクターに含まれるリート（REIT）という不動産を証券化した金融商品が、景気後退期・不況期において強かった**ことが挙げられます。それを示唆する興味深いデータを1つご紹介します。

●11種のセクターを代表する銘柄

セクター	代表銘柄	
生活必需品	Procter & Gamble Co.	Coca-Cola
	プロクター＆ギャンブル	コカ・コーラ
ヘルスケア	Johnson & Johnson	Pfizer Inc
	ジョンソン・エンド・ジョンソン	ファイザー
公益事業	Duke Energy Corporation	Southern Company
	デューク・エナジー	サザン・カンパニー
情報技術	Apple Inc	Microsoft Corporation
	アップル	マイクロソフト
資本財	3M Company	The Boeing Company
	スリーエム	ボーイング
エネルギー	Exxon Mobil Corp.	Chevron Corp.
	エクソンモービル	シェブロン
通信サービス	Alphabet Inc.	Facebook Inc.
	アルファベット	フェイスブック
一般消費財	Amazon.com, Inc.	The Walt Disney Company
	アマゾン	ウォルト・ディズニー
金融	JPMorgan Chase & Co.	The Goldman Sachs Group, Inc.
	JP モルガン・チェース	ゴールドマン・サックス
素材	DuPont de Nemours, Inc.	The Dow Chemical Company
	デュポン	ダウ・ケミカル
不動産	American Tower Corporation	Simon Property Group, Inc.
	アメリカン・タワー	サイモン・プロパティー

●3つのETFを構成するセクター

	SPYD		HDV		VYM	
1	不動産	17.6%	エネルギー	23.7%	金融	19.4%
2	一般消費財	16.9%	通信サービス	17.3%	消費財	13.8%
3	エネルギー	11.9%	ヘルスケア	16.4%	ヘルスケア	13.3%
4	公益事業	10.6%	金融	10.9%	情報技術	10.3%
5	生活必需品	10.2%	生活必需品	9.6%	消費サービス	9.3%
6	金融	9.8%	公益事業	7.7%	公益事業	8.6%
7	情報技術	6.8%	情報技術	7.3%	資本財	8.4%
8	通信サービス	5.4%	資本財	5.0%	石油・ガス	8.2%
9	素材	5.3%	一般消費財	1.9%	電気通信	5.1%
10	ヘルスケア	3.0%			素材	3.6%
11	資本財	2.4%				

次のページの表のように、米国リートは、好況期にはS&P500対してリターンが劣ったものの、景気後退期・不況期においてはS&P500より非常に強いリターンを残したことを、過去30年間のデータが示します。

背景の1つに、リートの収益源である賃料の下げが景気後退期や不況期において比較的緩やかであることが挙げられます。例えば、住居を投資対象としたリートの場合、景気が悪くなってきたからと言って、契約期間中にも関わらず、賃料を突然「20%値下げします」、あるいは「景気が良いので20%値上げします」とはならないのが通例です。不動産の賃貸では、複数年の契約期間において、好不況

●景気局面ごとの年率リターン（米国リート vs S&P500）

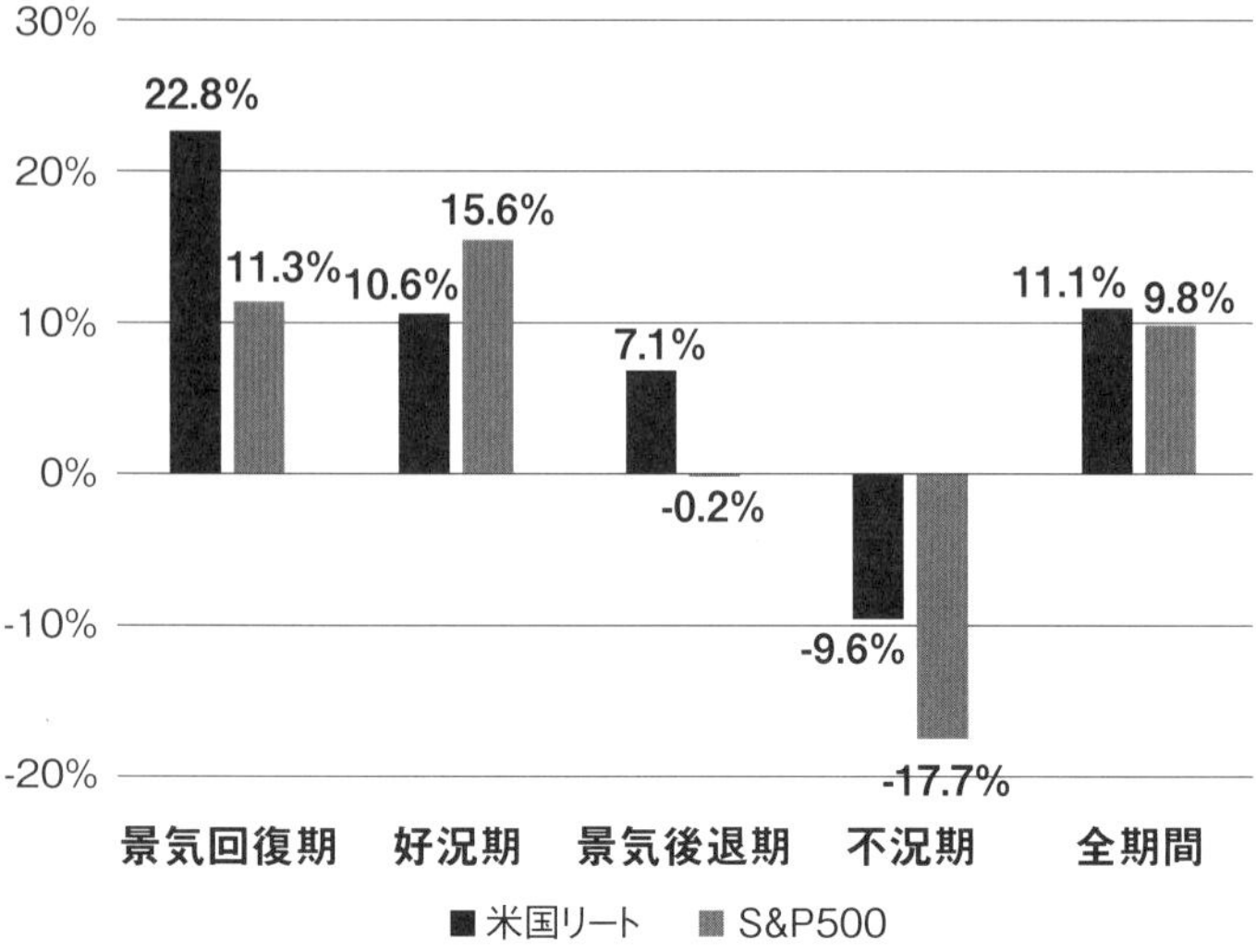

※出典:全米経済研究所、データは1991〜2018年

に関わらず賃貸料を所有者に支払うという契約上の義務があります。賃料の改定も物件ごとに行われ、タイミングが分散される傾向にあります。

ちなみに、景気後退局面において、人々がぜいたく品を買い控えることはあっても、シャンプーなどの生活必需品を買い控えることは少ないのと同様に、賃貸契約がある限りは好不況に関わらず、「所有者・大家に契約上の賃料を支払う」という契約上の義務があります。

そのため、**景気変動を〝比較的〟受けにくいとされているのがリートの特徴です。**リートがいわゆるミドルリスクとも言われる一因です。ただし、そういった特徴と関係なく大きく売られることもあります。

●英国BPとWTI（原油先物価格）の比較

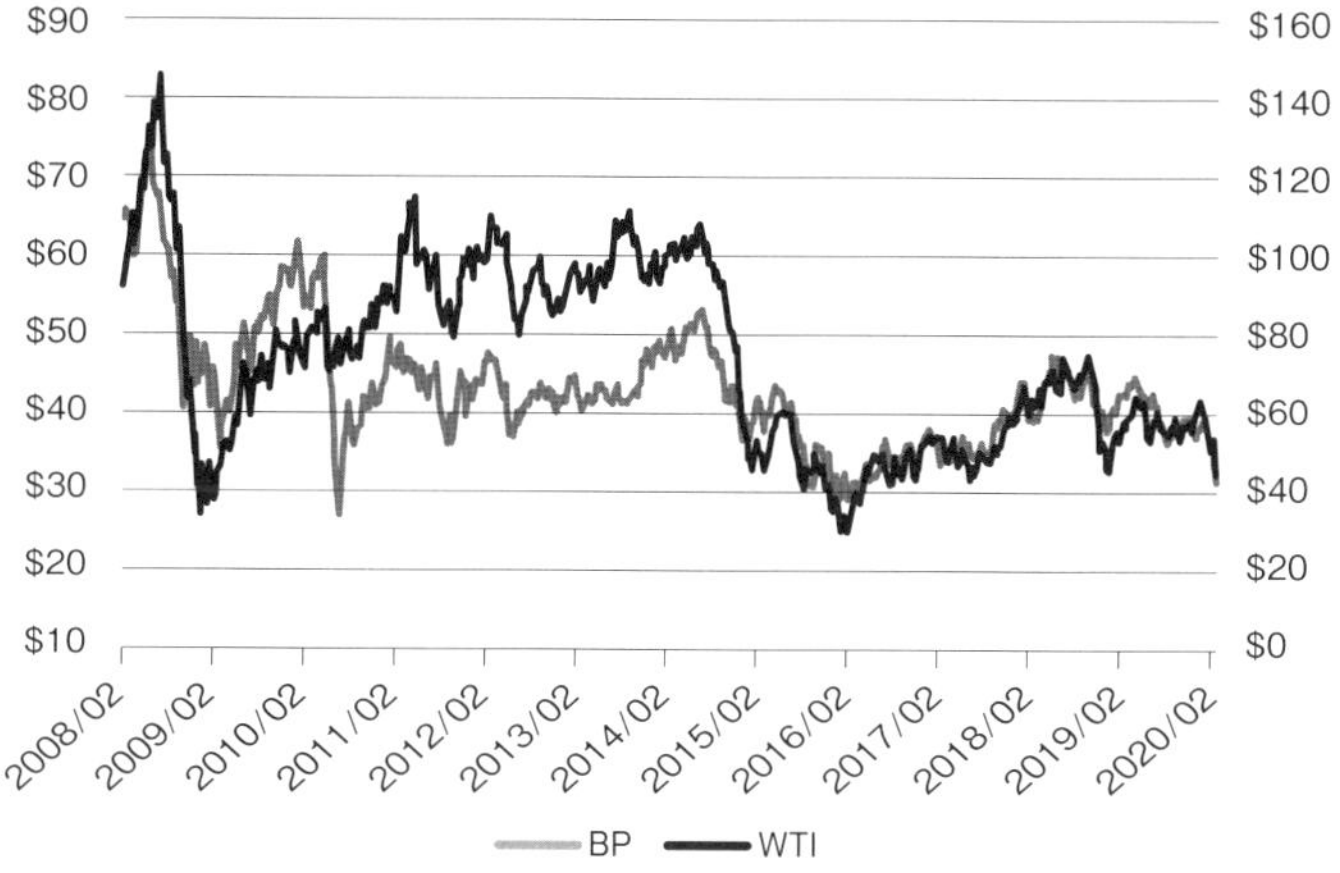

では次に、ＨＤＶに多いエネルギーセクターの特徴を見てみましょう。まず、商品市況に大きく左右されることが挙げられます。エネルギーセクターには、米国のエクソンモービル、英国・オランダのロイヤル・ダッチ・シェル、英国ＢＰなど、オイルメジャーとも呼ばれる、石油の探鉱（採掘）、生産、輸送、精製、販売まで一貫して手掛ける、シェアの大部分を寡占する石油系巨大企業が存在します。これらオイルメジャーの特徴として、原油価格と株価の連動性が高いことが挙げられます。

上のグラフは、ＢＰの株価と、ＷＴＩ（原油先物価格）との相関性を表したものです。

ご覧の通り、ＢＰの株価はＷＴＩと高い連動性を示していることがわかります。エクソンモービルやロイヤル・ダッチ・シェルも、BPと同様にWTIと連動した値動きを示す傾向があります。

このように、エネルギーセクターの株価、そして業績も、原油という商品市況に左右されやすい傾向が見られます。

●ゴールドマン・サックスと米国債5年金利の比較

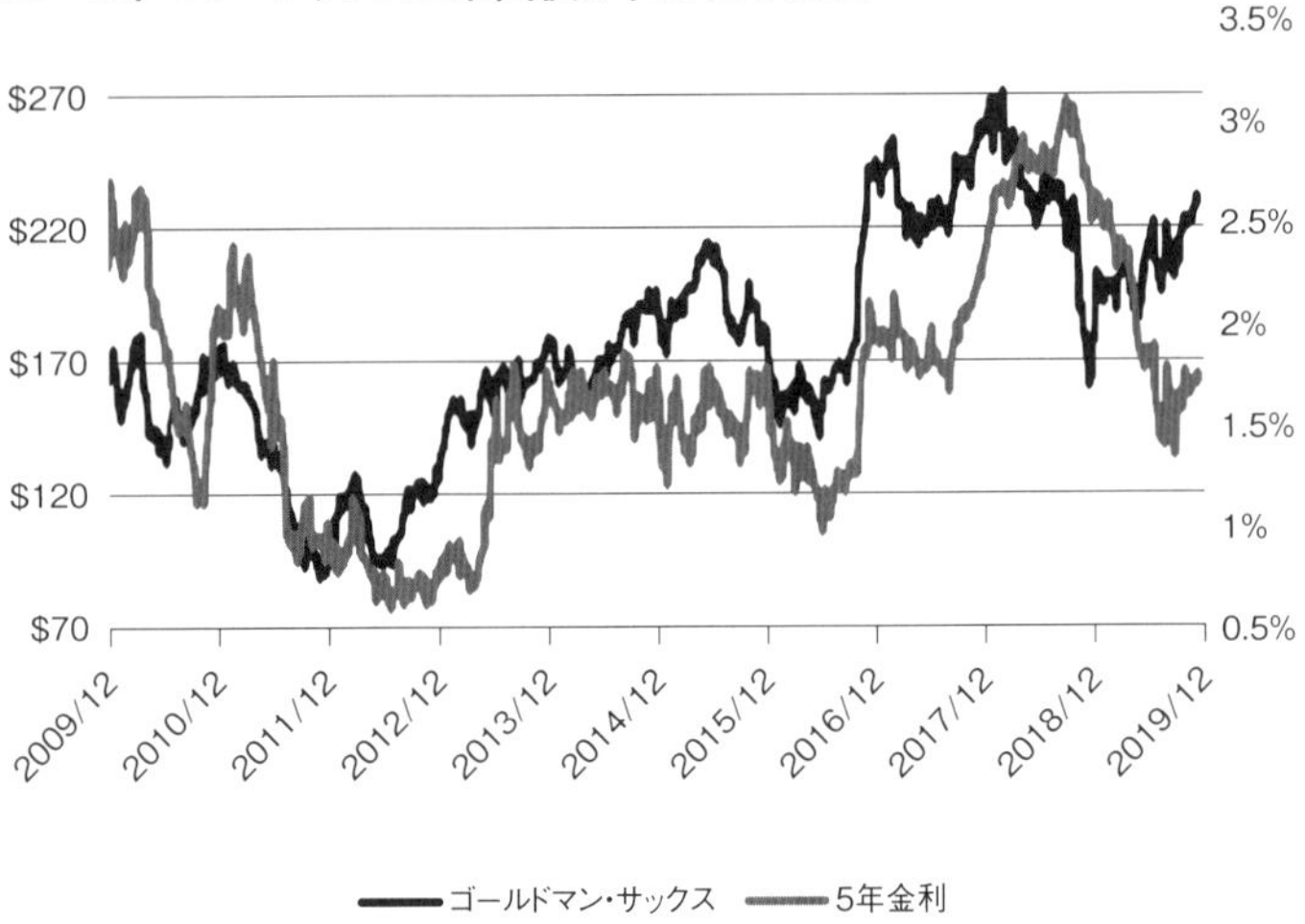

最後に、VYMに多い金融セクターの特徴を見てみましょう、金利や中央銀行の金融政策に左右されることが挙げられます。短期金利はFRB（連邦準備制度理事会）という中央銀行（日本で言うところの日本銀行）の金融政策によってコントロールされます。上のグラフは米国債5年物の金利とゴールドマン・サックスの株価の相関性を過去10年間において示したものです。

ご覧の通り、金融セクターの代表的な銘柄の株価と金利は高い相関性を示していることがわかります。金融セクターの特徴として、政策金利（短期金利）つまり中央銀行の金融政策に株価が連動しやすい傾向が見られます。

以上、ETFを評価する際に見るべきポイントや特徴を1つずつ見てきました。ではこれらポイントを踏まえた上で、SPYD、HDV、VYMという3つのETFのメリット／デメリットをまとめてみます。

▼SPYDのメリット・デメリット

SPYD最大の特徴は、配当利回りが最も高い点です。配当利回りが最も高いということは、近い将来の配当金を最大化することを考えれば適しています。若年期に配当金という定期的に生まれる不労所得・キャッシュフローを最大化したい人にメリットを感じられるETFです。

ただし30年を超えるような運用期間を想定した場合は、先述の配当に対する課税デメリットが応分に大きくなる可能性があります。また、運用開始日（設定日）が2015年であることから、直近の暴落局面であったリーマンショック時にどの程度下落したのかというデータはなく、「配当

	メリット	デメリット
SPYD	・近い将来の配当を最大化しやすい傾向	・運用期間が短く、データ実績が少ない ・値動きが相対的に大きくなり得る（＝精神面では、マイナスに働く可能性）
HDV	・財務良好な銘柄が主体	・銘柄やセクター比率が偏る傾向
VYM	・運用期間長く、データ実績豊富 ・値動きが相対的に小さくなり得る（＝精神面では、プラスに働く可能性）	・近い将来の配当は最大化しにくい傾向

実績」は現時点で約４年分と限定的であり、増配傾向を探るにはデータがやや限定的です。少なくとも過去４年間では増配傾向が見られます。また、組入銘柄数が80と、ＶＹＭと比べると少ないことから、銘柄数の観点からは株価の変動において1銘柄の影響を受ける度合いは良くも悪くも高まる可能性があります。

▼HDVのメリット・デメリット

ＨＤＶが連動を目指す指数は、「モーニングスター配当フォーカス指数」といい、財務の健全性が高く、かつ持続的に平均以上の配当を支払うことが可能と認められた「利回り上位75社銘柄」で構成されたものです。

よって、ＨＤＶを保有することで、財務良好かつ高配当な銘柄に分散投資できるというメリットが期待できます。配当利回りはＶＹＭとＳＰＹＤの間、運用開始日もＶＹＭとＳＰＹＤの間ということで、良くも悪くも中間的な存在です。

また、銘柄数が75と3つのETFで最も少ないことから、銘柄数の観点からは株価の変動においてl銘柄の影響を受ける度合いは良くも悪くも高まる可能性があります。構成セクターは石油セクターが多く、今後、同セクター企業が衰退すればHDVも悪影響を受けますが、その際は銘柄入れ替えがなされるかもしれず、なんとも言えないところです。

▼VYMのメリット・デメリット

VYMは3つのETFの中で最も運用期間が長く、配当実績、リーマンショック時の株価下落率・減配率など、参照可能な過去データが豊富です。過去、おおむね6％の増配を続けており、増配率も高い傾向です。銘柄数が最多ということで、1銘柄から受ける影響は相対的に小さく、現時点では3つのETFの中でも安定感が垣間見えます。

一方、配当利回りは3つのETFの中で最も低い値で推移しています。配当金という不労所得・キャッシュフローの近い将来における最大化は、しにくい傾向が見られます。

執筆時点までのデータを見る限りは、3つの高配当株ETFの中では、VYMが最もおすすめしやすいETFです。

column

「理論」と「実践」は分けて考えよう

159・160ページの配当金にかかる課税の繰延効果の表を見て、「配当を出す株は、配当金に対する課税によって資産形成に不利ではないか」と思う方もいらっしゃるかもしれません。ここで、投資においても日々の生活においても、大切だと感じるお話をしておきたいと思います。

1. 自分にとって心地よい投資手法を構築すること
2. やっていて楽しい投資手法を構築すること
3. 理論と実践は別。最も効率的な運用にこだわりすぎないこと

株式投資という資産運用に目覚めたばかりの時、そして株式投資の世界に足を踏み入れて目の前の世界が急に開けたような気がした時、こういう時は、
「最も効率の良い（と思しき）資産運用方法」
「最もベスト（と思しき）資産運用方法」

「最もリターンの高い（と思しき）資産運用方法」

これらの文言に少なからず躍起になったり、これらの文言が魅惑的に聞こえたりするかもしれません。確かに最も効率が良く、理論上ベストに思える手法は、魅力的ですよね。誰もが資産を増やしたくて資産運用をしているはずですから、それは当然ですね。

一方、次の①と②～④は別のお話です。

①理論的にベストと思われること
②理論を長期的に実践できるか
③それが自分にとって心地よいのか
④それが自分に合っているのか

ある物事に長期的に取り組み続ける中で決定的に重要なことは、**「外部環境に関わらず自分にとって心地よい仕組み作り」ができているのか、**ここに尽きると思っています。

いくら理論的にベストであろうとも、長期的に継続できなければ、絵に描いた餅になります。また、楽しくなければ続きません。でも、楽しければ、継続できます。

私が現在の投資手法に至る際には、「相場状況に関わらず自分にとって心地よい仕組み作りがで

きているのか」を最優先しました。その結果、配当金を積み上げる手法に至りました。
「短期でお金持ちになりたい」と誰しも考えると思いますし、否定されるものでもありません。ただ、私にとっては、支出の最適化・入金力の最大化への注力を経て、着実に一歩一歩配当金を積み上げる方法こそが、結局ゴールに至る道として一番近かったと、今現在も実感しています。

「最も効率的と思しきこと」は大事です。大事ですが、「本来最も効率的だと思われていたこと」が、理論を実践に落とし込む過程で、その効果が薄まることは、よく見られることです。なぜなら、人間は機械ではなく、あらゆる要素・要因によって、1つの行動が導き出されるからですね。つまり、いくらトータルリターンが良い投資対象であっても、長期投資を継続できなければ絵に描いた餅になります。いくら定期積み立てをやっていても、株を安く買える局面である相場低迷期に積み立てをやめてしまうと、今まで積み立てていた意義は著しく薄れます。

私たちには感情の起伏があり、人生があり、家族があり、ライフステージがあり、自身の内情は刻々と変化します。世界に目を向ければ、地政学リスクあり、災害あり、経済危機あり、外部環境も刻々と変化していきます。

そんな中、環境に関わらず、継続していける心地良い投資手法は何か。そういった観点で株式投資に向き合うことが肝要だと思います。繰り返しになりますが、私にとって、その心地よい投資手法とは、次の通りでした。

「業績が堅調な高配当株や連続増配株を主体とし、リートやインフラファンドなどにも分散されたポートフォリオを築くことで、定期的な不労所得・キャッシュフローとなる配当金を得て、基本的にどのような局面でも（特に下落局面で）、配当再投資を含めて定期的に資金を投下していく」

これは貴方にも適しているかもしれないですし、もしかすると適していないかもしれません。なぜなら、人によって考え方・ライフプランニング・金銭感覚・人生観・死生観は千差万別だからです。

そうは言うものの、私はこの投資手法が「一定数の方にとって適しているであろう」という考えの下、ブログでも情報発信を続けてきました。そして、「その考えは大きく間違っていないのかな」と思えるご意見を日々頂戴していることは、大変光栄です。

個別株はややマニア向けなので、そうでもない方は、先述のとおり高配当株ＥＴＦが選択肢になります。

2010年代は、投資家には大順風の相場環境でした。上昇相場が続くと、つい忘れがちですが、景気サイクルの観点から、今後いずれ調整を迎える局面は、程度の差はあれ、期間の長短はあれ、必ず来ます。そして、下落局面が必ず来ることを念頭に、投資方針を立てた方が良いです。実際に2020年2月から、まさに新型コロナウイルスの影響により、市場は調整し始めています。

このような調整局面・下落局面がまさに、自分にとって心地よいと思しき投資手法が試される時です。それは、ある意味では良い機会ですね。自分の投資手法と向き合う好機でもあります。その試練の時を、一緒に心地よく、楽しく、乗り越えることができれば、大変うれしく思います。

投資家は競い合う必要はなく、その優劣を殊更に論じるというよりは、それぞれがそれぞれのゴール・目的に向かって、各人に適した投資スタイルで、歩を一歩ずつ進めていくものだと思います。同じ市場でその恩恵を享受するもの同士、ともに楽しく駆け抜けていくことができれば、とても素敵だと私は思います。

Chapter4

お金自動発生マシンを強化する

お金自動発生マシンを強化する

ここからは応用編ということで、自動的に分散してくれるETFだけでは物足りない方、あるいは株式投資に深く興味をお持ちの方や、自分好みのポートフォリオをデザインしたい方、毎月機械的に積み立てるよりも、効率的に購入タイミングを図りたい方など、主に中級者以上向けに、ETFではなく個別株の紹介や購入タイミングの目安などを紹介していきます。

ただし繰り返しになりますが、投資に割く時間があまりない方や、投資が趣味ではない方は、ETFへの機械的な積み立て投資でも、時間対効果の高い資産形成が十分可能ですし、その方がリターンが高い可能性も大いにあるということを念のため申し添えておきます。

ただし、個別株にも魅力があります。主な魅力はずばり次の3点です。

1. 市場平均を上回るリターンを達成できる可能性を秘めている
2. 高配当の個別株に投資することで、配当収入を多く得やすい
3. 単純に楽しい

市場平均を上回るリターンを、個別株が叩き出せる可能性を秘めていることは魅力です。しかし、その難度は非常に高いのも事実です。これまで述べてきた通り、いくら財務や業績等の関連情報に精通していようと、企業・産業の将来を完璧に予測することは難しく、資産運用のプロであるファンドマネージャーや、専門的な人材からなるアクティブファンドやヘッジファンドのほとんどが、市場平均を上回るリターンを往々にして達成できなかったことが広く知られています。

それだけ市場平均を上回ることは困難と言えますが、人によっては個別株への投資は単純に楽しめるのも事実です。**自分でポートフォリオをデザインし、業績をチェックし、配当金の入金メールに心踊り、嬉々としてエクセルの配当金集計表に入力をするというこれらの作業自体が単純に楽しいという面があります。**四半期ごとの業績チェックというメンテナンスは必要ですが、定期的に配当金を振り込んでくれるその銘柄たちは、会社員時代には半ば妖精さんのようにありがたいと思うこともありました。配当金は生活に彩りを添えてくれます。

その配当金を最大化できるのは、ETFより個別株投資に軍配が上がる場合もあります。なぜなら、ETFは高配当株ETFと言えども、分散投資されていることで、良くも悪くも配当利回りも平均的な値に回帰するからです。ただし、個別株への投資は、個社特有・セクター特有のリスクも高くなりがちであるため、投資対象を分散しておく形が保守的です。

それでは、私も実際に投資していた高配当株を紹介します。

▼私が投資していた米国高配当株10銘柄

私はFIREを達成するまで、ポートフォリオの90％以上を高配当株・連続増配株（個別株・ETF・リートなどを含む）が占めていました。なぜなら、「配当金＞生活費」という状態を早期に達成することで、サラリーマンを辞めて給与収入がなくなった後も、配当金を再投資していくことで、配当金というキャッシュフローを継続的に増やしていくためです。

そうすれば、「月々の余資で株式購入 ↓ 月例配当金の増加 ↓ 月々の余資が増加 ↓ 増加した月々の余資で株式購入↓ 月例配当金が更に増加 ↓ 月々の余資がさらに増加……」という好循環が成り立ち、ジリ貧に陥ることなくキャッシュフローが継続的に増加し、ライフステージや家族構成の変化にも対応できるからです。また、セミリタイアをめざしている方でなくとも、月々の給与収入以外に配当金というキャッシュフローが増えれば、消費行動などの選択肢も大いに増え、日々の生活に彩りを添えることになります。

この好循環を早期に成立させるには、支出の最適化を通じて生活費を調整し、配当金を積み上げることが肝要です。配当金を積み上げるには、株式を買い付ける額を多くする（元本を最大化させる、毎月の入金額を最大化させる）ことが重要であることに加え、配当利回りの高い高配当株に投資することも、配当金の積み上げに寄与する1つの要素になってきます。

しかし、高配当株というのは配当収入の最大化には寄与しますが、良いことばかりではありません。単にその企業の今後の業績に対して市場が悲観的であったり、成長が期待できない成熟産業であったりすることから株価が低迷し、結果として配当利回りが高まっているケースもよくあります。そのため、単に配当利回りが高いという理由だけで高配当株を購入することは考え物であり、あくまで業績や実績・業態・外部環境などに基づいて判断することが必要になってきます。

以上のような高配当株の側面を踏まえた上で、個別株のリスクを負ってでも多くの配当を得たい方向けに、私が投資していた米国株銘柄、中でも高配当株10銘柄を紹介します。

1. ジョンソン・エンド・ジョンソン
2. アッヴィ
3. アルトリア・グループ
4. ベライゾン・コミュニケーションズ
5. AT&T
6. サザン・カンパニー
7. デューク・エナジー
8. エクソンモービル
9. ロイヤル・ダッチ・シェル
10. アイ・ビー・エム

以上に挙げた銘柄は、いずれも米国を代表する伝統的な高配当銘柄と言えます。ただし、ロイヤル・ダッチ・シェルは英蘭企業で、米国にも上場している企業です。私の2019年の受け取り配当金のうち約3割はこれらの10銘柄から得た配当金が占めます。

●10銘柄の特徴

ティッカー	企業名	トータルリターン	過去5年間平均配当利回り	ドローダウン率(リーマンショック時)	連続増配年数
SO	サザン・カンパニー	9.4%	5.0%	-22%	18年(減配なし71年)
JNJ	ジョンソン・エンド・ジョンソン	8.8%	2.7%	-28%	57年
DUK	デュークエナジー	10.2%	4.3%	-29%	13年
VZ	ベライゾンコミュニケーションズ	8.7%	4.8%	-34%	13年
XOM	エクソンモービル	5.0%	4.1%	-36%	37年
IBM	アイ・ビー・エム	4.6%	4.3%	-37%	24年
MO	アルトリア・グループ	14.6%	4.8%	-38%	50年
ABBV	アッヴィ	13.3%	4.1%	-39%	46年
T	AT&T	8.5%	6.0%	-40%	36年
RDSB	ロイヤル・ダッチ・シェル	5.3%	6.0%	-48%	6年(減配なし74年)
10銘柄平均		8.8%	4.6%	-35%	-
S&P500(市場平均)		8.8%	1.9%	-51%	-

※トータルリターンは税金を考慮していない

それでは10銘柄の特徴を示すべく、2019年末時点における次の4つのデータを示します。

①過去15年間における配当再投資込みのトータルリターン(アッヴィは設立から日が浅く過去5年)
②過去5年間における平均配当利回り
③リーマンショック時におけるドローダウン
④連続増配年数

ご覧の通り、10銘柄平均でS&P500の配当利回りを上回り、リーマンショック時のS&P500ドローダウンを下回り、トータルリターンはS&P500と同等の結果となっています。

では、なぜこの4つの要素で示したのか、前章までのおさらいも含めて述べたいと思います。

①トータルリターン

トータルリターンとは、一定期間内に投資商品への投資から得られる合計収益のことです。キャピタルゲイン（譲渡益）だけでなく、再投資された配当金（インカムゲイン）も含まれ、利益の合計額を投資コスト（購入価格）で割って%で表記することが一般的です。

配当利回りがいくら高かろうと、トータルリターンがマイナスであれば、資産形成・資産運用という目的に合致しないため、過去におけるトータルリターンも1つの実績として考慮する形としています。

②過去5年間平均配当利回り

近い将来に配当を多く得るには、配当利回りが高い高配当株が向いています。そのため、過去

5年間平均配当利回りを示すことで、過去どの程度高配当であってきたかを表しています。なお、配当利回りを算出する元となる配当データについては、直近4回の配当実績を用いて算出しています。

③リーマンショック時におけるドローダウン

ドローダウンとは、「一定期間における、投資対象の累積利益の下落幅」です。市場に居座り続けることで、資本主義の果実を享受することを目的とするのが、長期投資です。その長期投資を続けるには、自身にとって心地よい環境づくりが必要です。その**心地よい環境を醸成するにあたり、市場の暴落に強いかどうかは大きな1つの要素です**。なぜなら、市場暴落時に連られて大きく下落する銘柄を多数抱えていると、やはり精神衛生上好ましくありません。最悪の場合は不安にさいなまれることで、底値で焦って売ってしまうという「狼狽売り」に繋がってしまうこともあります。米国株投資をするということは、いわば過去良好なリターンを残し続けてきた投資対象が、今後も良好なリターンをあげるというシナリオに賭けることを意味します。その想定において、最も避けたいのは狼狽売りです。そんな中、市場全体が下げている時も、あまり下落しない銘柄を保有していると、多大な安心感を覚えます。そのため、直近一番下落幅が甚大であったリーマンショック時のドローダウンを考慮しています。

④連続増配年数

優良な企業・株式であってきたことを示唆する材料として、連続増配年数があります。なぜなら、**継続的に増配してきた実績というのは、継続的に1株あたりの利益を増やしてきた実績の裏返しでもあるからです。**配当を増やすには、配当の主な源泉である1株あたりの利益を継続的に増加・計上することが必要です。利益を継続的に増やしてきた企業というのは、歴年の高い競争力を示唆します。そのため、連続増配年数を1つの要素として考慮しています。また、連続増配だけでなく、長期間減配しなかったことも十分に好材料となることから、**連続増配年数だけでなく、減配なしの期間も考慮しています。**

では、次に銘柄ごとの特徴をご紹介します。

▼ジョンソン・エンド・ジョンソン（JNJ）：製薬・医療機器・ヘルスケア

連続増配年数57年という偉業が示すように、実績十分の配当王です。企業向けの製品だけでなく、消費者向けの製品でも高いブランド力を誇ります。日本でもバンドエイド・リステリン・アキュビュー・タイレノールなど、聞き覚えのある製品が並びます。

同社の特徴は次の4点です。

- **35年連続で営業利益増加（減損等特殊要因による損益を控除）**
- **57年連続で増配**
- **新製品（過去5年間に発売）が総売上高に占める割合が、長期にわたり約25％**
- **高いキャッシュ創出力**

長年の利益・配当の増加に加え、「製品の新陳代謝の良さ」、そして「キャッシュ創出力の高さ」が特長です。過去5年間に発売した製品が、売上高の約25％を占め、既存製品に依存しない売上構造・循環が維持されています。

また、フリーキャッシュフローマージンが過去5年間で常に20％を超えています。フリーキャッシュフローとは、営業活動から支出などを差し引いて手元に残るお金のことで、フリーキャッシュフローマージンとはフリーキャッシュフロー÷売上高で算出される、現金を効率的に稼いでいるかを示す指標のことです。この値が20％以上というのは、米国株の中でも高い値です。株主に還元される配当金や自社株買いの主な源泉は利益であり、同社は今後も増配等の形で株主還元が続く可能性が高いと期待させる企業です。

２０１９年においては、同社製品のベビーパウダーなどタルク（滑石）を原料とする製品から微量のアスベストが検出されたことで、訴訟による賠償費用の拡大などが懸念され、株価が大きく売り込まれる場面がありました。医療・ヘルスケア製品を扱う同社は、このような健康被害の懸念が常につきまとう業態ではありますが、業績の安定感は過去から現在に至るまで随一と言って良い米国株です。

▼アッヴィ（ＡＢＢＶ）：新薬の研究・開発・販売を行うバイオ医薬品企業

日本ではあまりなじみのない社名かもしれませんが、日本法人としてアッヴィ合同会社が設立されており、２０１８年に日本においてはＣ型肝炎治療薬が好調、売上高は倍増し、日本でも存在感を高めている企業です。

同社の特徴は次の４点です。

・高いキャッシュ創出力

- **高い増配率**
- **46年連続増配**
- **主力製品「ヒュミラ」への依存**

同社は、米製薬大手アボット・ラボラトリーズ（ABT）から2013年に研究開発部門が分離・設立された企業であり、ABT時代も含めると46年連続増配と実績十分の配当貴族です。過去5年間平均のフリーキャッシュフローマージンは約30％と非常に高水準です。また、過去5年間で配当が2倍に急増するなど増配率の高さも極めて高水準と言えます。

これら直近の業績推移の背景には、主力製品であるリウマチ治療薬「ヒュミラ」が2017年・2018年において世界で最も医薬品として売れたことが挙げられます。ヒュミラの売上は、同社全体の売上高の約6割を占めるなど、主力製品である反面、ヒュミラに大きく依存しています。同社の屋台骨を支えてきたヒュミラですが、2018年には欧州で特許が切れ、2023年に米国でも特許が切れます。

同社もこれを受け、同業のアラガンの巨額買収に踏み切るなど多角化を進めています。また、

●アッヴィの製品別売上高割合の変化

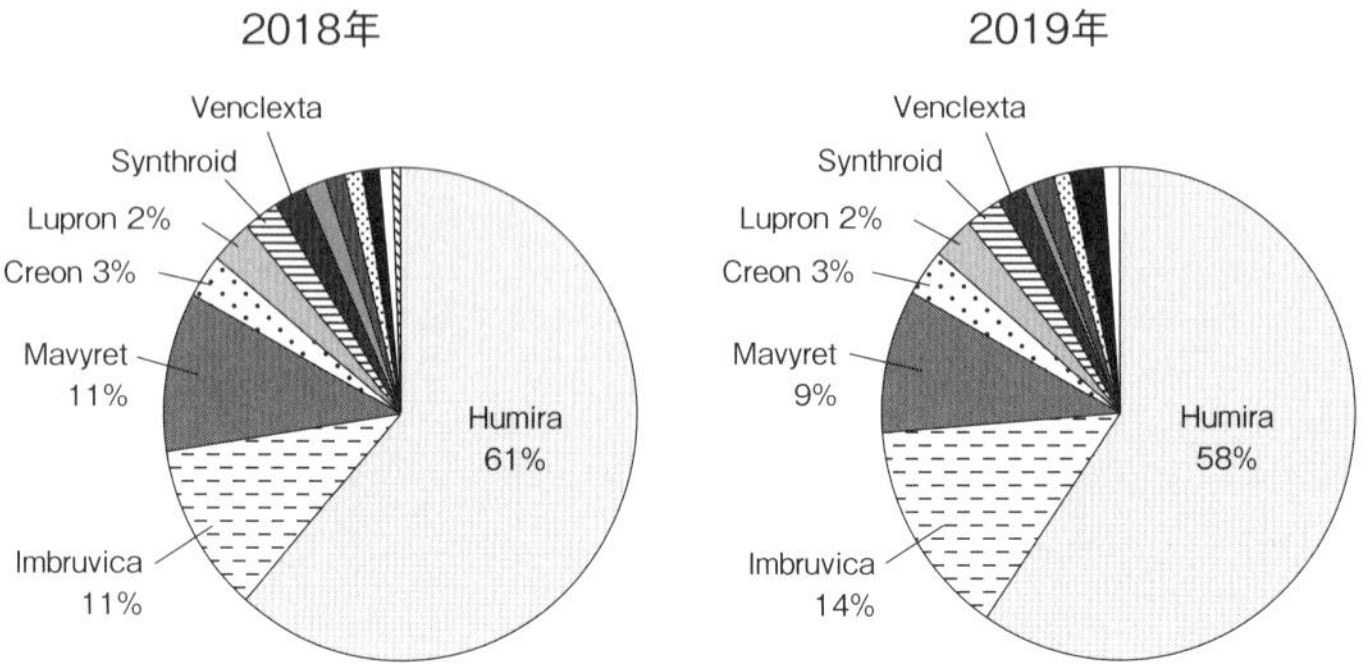

２０１９年においては抗がん剤「イムブルビカ(Imbruvica)」の売上増により、ヒュミラの依存度は上の表の通り61％から58％に下がるなど、結果が出始めているとも解釈できます。ヒュミラの米国における特許が切れる２０２３年までに製品の多角化が進められるかどうかが１つポイントとなりそうです。

▼アルトリア・グループ（ＭＯ）：たばこ製品の製造・販売

たばこの製造・販売を行う米国最大の企業が、アルトリア・グループです。元々同一企業でのちに分離したフィリップ・モリスが米国以外での事業を担い、アルトリア・グループが米国事業を担っています。同社の特徴は次の通りです。

・高いキャッシュ創出力

- **高い増配率**
- **50年連続増配**
- **たばこの将来動向に依存**

過去5年平均のフリーキャッシュフローマージンは21％と高く、過去5年平均の増配率は年率で約10％と高いです。また、フィリップ・モリス時代を含め、過去50年間に54回の増配を続けてきた高収益企業です。たばこ産業は従来多額の設備投資を必要とせず、利益率も高い業態であったことから、手元に残るキャッシュも多く、株主還元にも非常に積極的であってきました。

ただし、米国でのたばこ売上本数は年々減少しており、値上げによって売上本数減少を補っている構図が続いています。

今後も同傾向が続けばジリ貧となる懸念あり、それに対して同社がどのような打開策を打ってくるのかがポイントとなりそうです。その打開策の1つとして電子たばこ大手のＪＵＵＬ社へ出資をしたわけですが、出資後に電子たばこの健康被害が指摘されるなど逆風もあり、結局出資額の約3分の2を減損するなど右肩上がりだった株価は最近やや低迷しています。一方、マルボロ

●たばこ出荷数推移

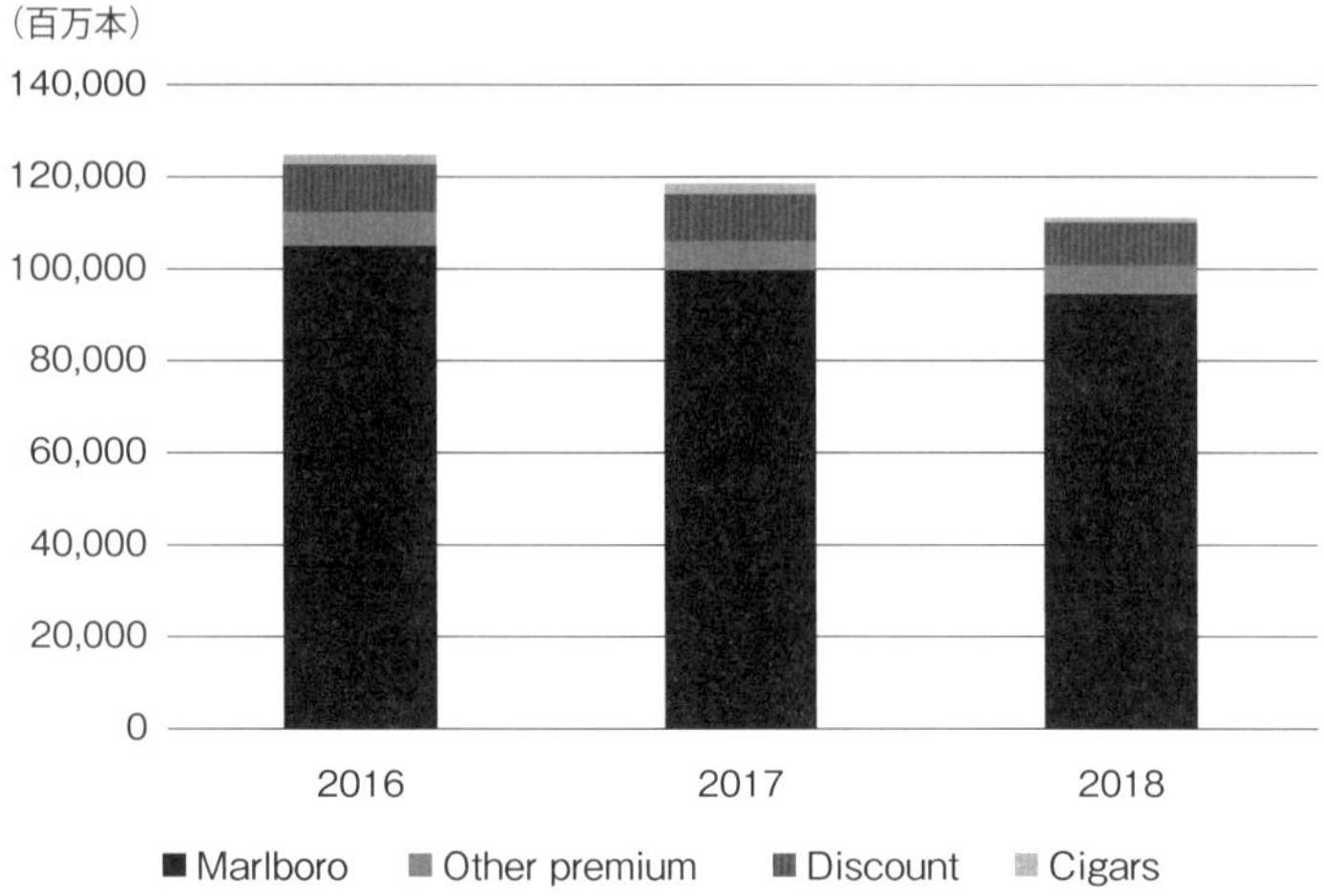
（百万本）
140,000
120,000
100,000
80,000
60,000
40,000
20,000
0
2016
2017
2018
Marlboro
Other premium
Discount
Cigars

●セグメント別売上高

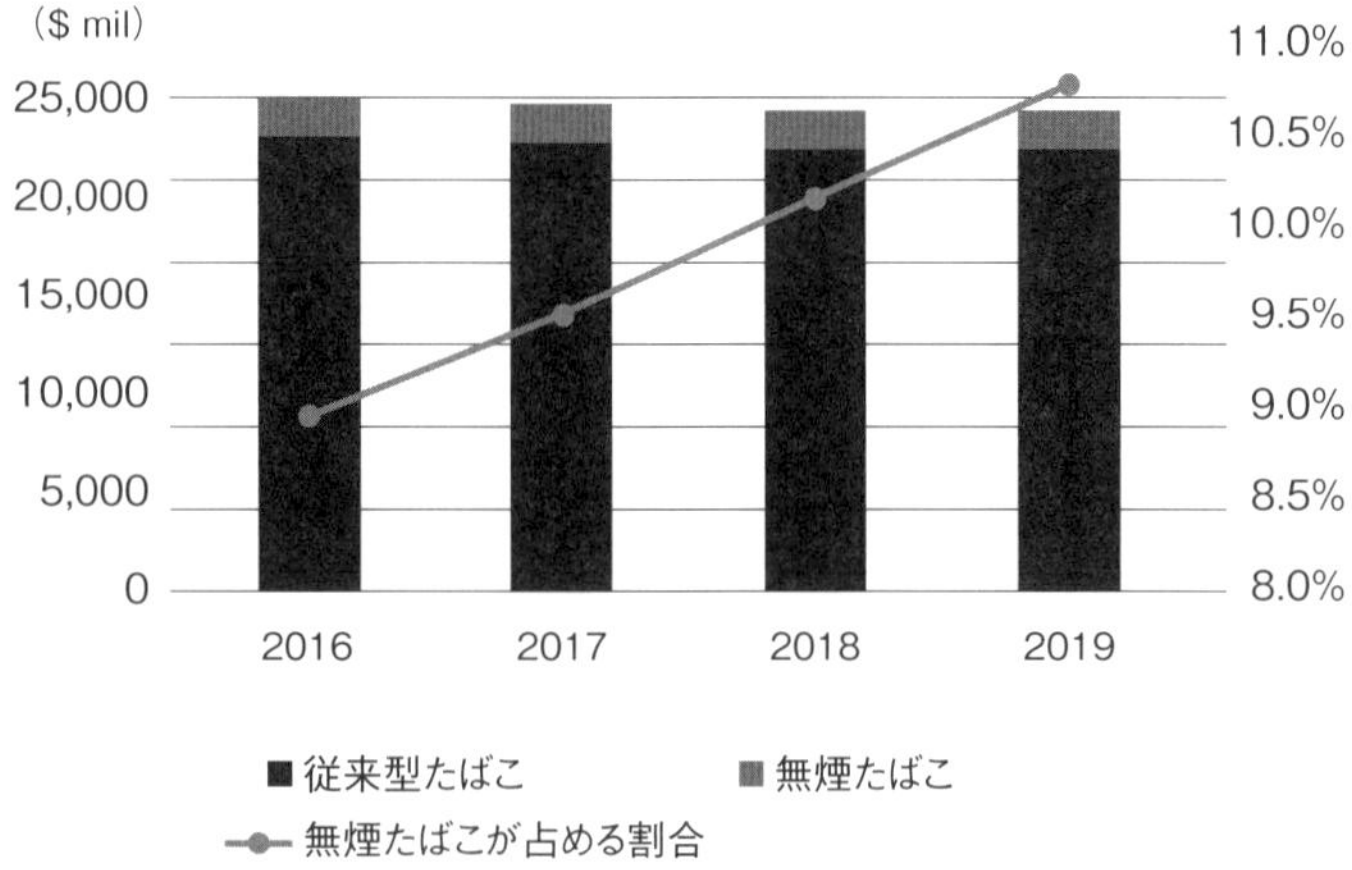
（$ mil）
25,000
20,000
15,000
10,000
5,000
0
11.0%
10.5%
10.0%
9.5%
9.0%
8.5%
8.0%
2016
2017
2018
2019
従来型たばこ
無煙たばこ
無煙たばこが占める割合

(Marlboro) は米国で依然40%を超えるシェアを維持しており、ブランド力は健在。過去実績は十分ながら、今後のたばこ産業に対してどのように考えるかが、投資判断を大きく分ける企業でもあり、同社が長期的にどのような青写真を描いているのか気になる企業でもあります。

▼ベライゾン・コミュニケーションズ(VZ):電気通信事業者

ベライゾンは米国の加入者数第1位の携帯電話事業者です。加入者数第1位の携帯電話事業者という面で、日本でいうNTTドコモに相当します。同社の特徴は次の通りです。

・リーマンショックにおいても業績堅調・増配を続けた実績

主力事業である携帯電話事業は、IT業界のように爆発的な成長は見込みづらいものの、その安定感は特筆すべきものがあります。特にリーマンショックが2008年に起きた際、同社の売上は2008年の970億ドルから、2009年には1070億ドルにむしろ増加しています(2009年1月に買収した地域無線通信事業者のAlltelの寄与分を除いても、売上高はプラス0・6%)。不況であっても携帯電話通信の需要が堅調な傾向という、事業の安定性が表れた一例だと思います。

●ベライゾン・コミュニケーションズの業績推移

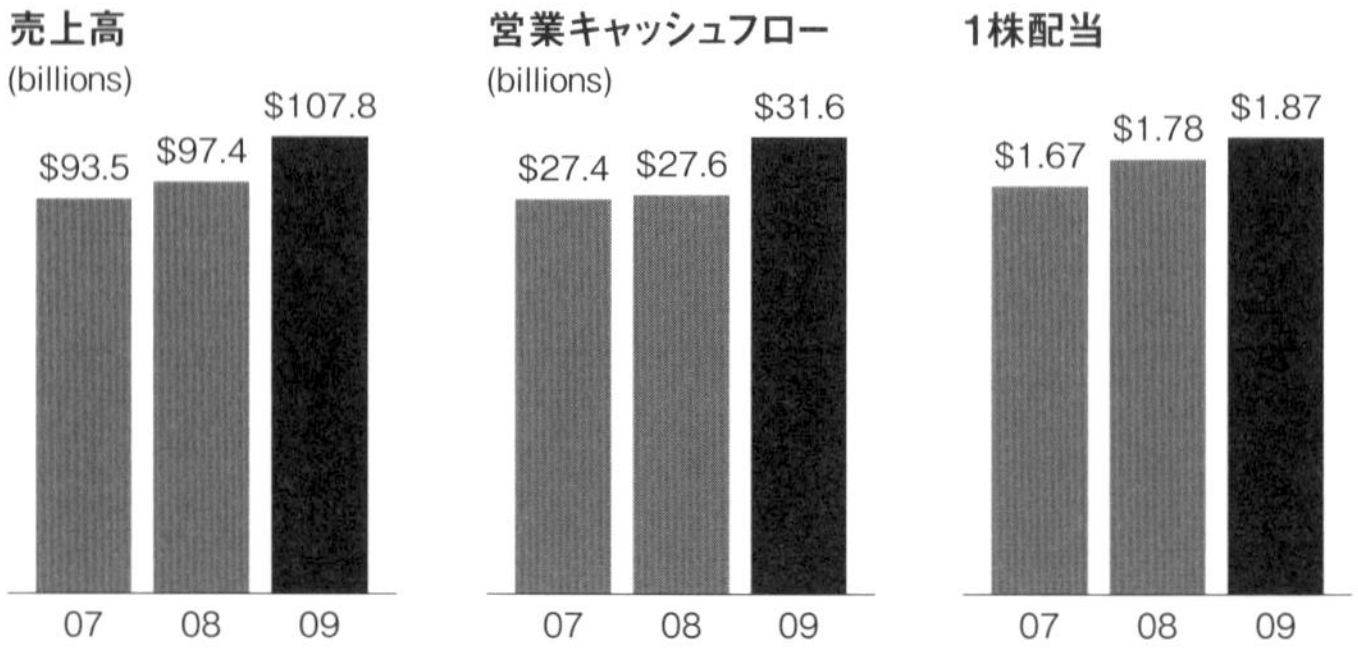

▼AT&T（T）：電気通信事業者

AT&Tは、米国の加入者数がベライゾンに次いで第2位の携帯電話事業者です。AT&Tもベライゾンと同様、次の特徴に集約されます。

・リーマンショックにおいても業績堅調・増配を続けた実績

リーマンショック時に売上高は微減にとどまり、高いディフェンシブ性を見せました。2008~2009年の売上高は、1240億ドルから1230億ドルとマイナス0・8%の微減にとどまります。こちらもやはり大きな成長は見込めないものの、その安定性が光る象徴的な事例だと思います。

連続増配年数は36年と実績十分です。2018年頃には多額の債務が懸念され、株価も低迷していました。「高配当かつ株価横ばい」という典型的な成熟産業といった様相でしたが、2019年には非常に堅調なキャッシュフローを背景に株価も見直されました。

2019年は特に、高配当株の株価は全体的に非常に堅調で、AT&Tやベライゾンのように高配当を享受しつつ、含み益も増大するという、高配当株投資家にとって理想的な年であったと言えます。

▼サザン・カンパニー（SO）：電力・ガス事業

主に米国アラバマ州・ジョージア州で電力・ガス事業を営むのがサザン・カンパニーです。同社の特徴は次の2点です。

- **リーマンショック等、不況時における強さ**
- **71年間減配なし**

71年間減配なしという事実は、前章に述べた通りです。同社最大の特徴は業態ゆえの不況時の強さにあります。リーマンショック時のドローダウンが22％と市場平均（S＆P500）の半分以下の値に留まっています。**リーマンショックのような大暴落局面であっても、2割の下落で済んでいることは、特筆すべき特長です。**電力事業も通信事業と同様に、大幅な成長は見込みにくく、人口増加率に概ね沿った形での緩やかな成長にとどまることが予想されますが、このような銘柄をポートフォリオに組み込んでおくと、市場下落時に精神的な支えが期待できます。

ただし、同社は原子力発電所を保有しています。ゆえに、東京電力のように災害や戦争による廃炉等のリスクが潜在的にあることは認識しておきたいところです。

▼デューク・エナジー（DUK）：電力・ガス事業

同社の発電所は主に米国中西部にあり、電力・ガス部門ともにノースカロライナ、サウスカロライナ、オハイオ、インディアナ、ケンタッキー等の各州で電力事業に従事、天然ガスの輸送と販売を手掛け、中南米を中心に電力と天然ガス事業に従事しています。

最大の特徴はサザン・カンパニーと同様、リーマンショック時にドローダウンが29％とS＆P500の約半分の下落率にとどまっている点です。背景には電力事業という業態ゆえの不況時における業績のディフェンシブ性があります。不況時には工場稼働率の低下などによって法人向けの需要が減少することは考えられますが、個人向けの電力需要は好況・不況の影響を受けづらく、景気要因による売上の大幅な落ち込みは考えづらい傾向にあります。

ただし、米カリフォルニア州の電力・ガス大手PG&Eという会社は、電力会社の潜在的なリスクを象徴しています。同社の設備が火元となって起きた大規模な山火事の損害賠償金支払いなどで、最終的に300億ドル超の債務を抱える可能性があるとして、2019年1月に米連邦破産法11条（日本の民事再生法に相当）を申請しています。不景気に強いというディフェンシブ性も見られる一方、このようなリスクも抱えていることは認識しておきたいところです。しかしリスクの顕在化を予見することは不可能なので、銘柄分散を図ってリスクを分散させることが重要になってきます。

▼エクソンモービル（XOM）：総合エネルギー企業

エクソンモービルは、オイルメジャー・石油メジャー・スーパーメジャーとも呼ばれ、主に石油などの資源開発から輸送・精製・販売まで一貫して手掛け、石油および石油化学製品を扱う世界最大級の上場企業です。その事業領域は世界200か国以上におよびます。日本でもMobilと

●エクソンモービルとS&P500の配当の比較

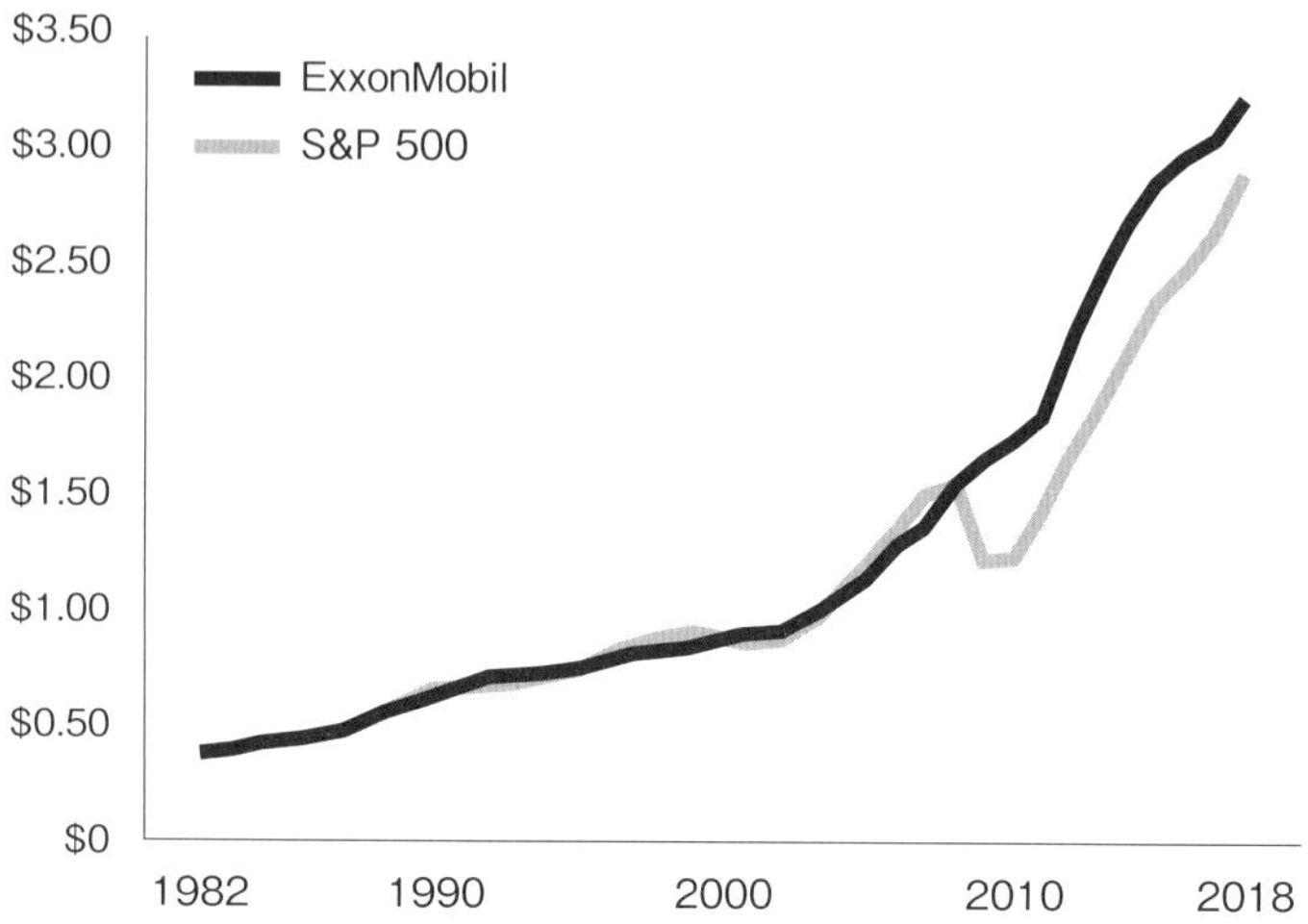

いう名前のガソリンスタンドを目にしたことがあるかと思います。同社の特徴は次の通りです。

- **WTI（原油先物相場）と株価の高い相関性**
- **連続増配37年**
- **オイルメジャーの中で安定した業績**

上のグラフは１９８２～２０１８年における同社の１株あたりの配当を市場平均（S&P５００）と比べたものです。連続増配年数は37年を超え、市場平均を上回る勢いで今まで増配してきたことがわかります。一方、オイルメジャーは、原油や天然ガスなど手掛けている資源価格の影響を直接的に受けます。

特にＷＴＩと呼ばれる原油先物価格と株価の連動性が高いことは前章で述べた通りです。商品市況の影響を強く受ける反面、エクソンモービルはオイルメジャーの中では業績や財務の安定感は過去良好です。

懸念点として、原油価格の上値が以前より抑えられやすくなったことがあります。これは、シェール革命と呼ばれる、今まで困難であったシェール層からの石油や天然ガス（シェールガス）の抽出が技術的に可能になったことにより、世界のエネルギー事情が変化したことに起因します。米エネルギー情報局（ＥＩＡＡ）は、米国が２０２０年に原油などのエネルギーの輸出が輸入を上回る「純輸出国」に転じるとの見通しを公表しています。これは原油などエネルギーの需給が変わってきていることを示す象徴的な事例です。２０１０年代前半にはそれまで１００ドルを超えることもあった原油先物価格は、２０１０年代後半には概ね40ドル台から60ドル台の範囲で低迷しました。さらに新型コロナウイルスの影響で需要面で原油価格にネガティブ、サウジアラビアが増産に転換する姿勢を示すなど供給面でもネガティブと、強烈な逆風にさらされています。原油価格が長期低迷となれば、オイルメジャー各社への業績に与える影響もネガティブです。

▼ロイヤル・ダッチ・シェル（RDSA、RDSB）：総合エネルギー企業

ロイヤル・ダッチ・シェルは、オランダのロイヤル・ダッチとイギリスのシェルが合併してできた会社です。米国のエクソンモービルと同じくオイルメジャーの一角であり、欧州最大のエネルギーグループです。執筆時点における同社の特徴は次の通りです。

- **高配当**
- **74年間減配なし**
- **配当に対する二重課税なし**
- **再生可能エネルギーへの投資に積極的**

同社は原油や天然ガスだけでなく、**太陽光発電や風力発電など再生可能エネルギーへの投資も増やしていることが特徴の1つです**。昨今ＥＳＧ投資という形で、環境や社会・企業統治に配慮した企業を選別して投資を行う機関投資家が増えています。オイルメジャーは環境負荷の高い事業を行っているということから、公的年金基金などの投資対象から外されることが増えています。そのような背景もあり、再生可能エネルギーなどへの事業転換を積極的に目指しているのが同社

です。

また、伝統的に高配当で、過去5年間の平均配当利回りは6％と高く、合併前も合わせると、74年間減配なしという実績があります。背景には同社の積極的な株主還元姿勢があり、同社ホームページには、「Dividend Policies（配当政策）」として、配当方針として、「業績を考慮しつつも米ドルベースでの配当を増やすこと」と英文で明記しています。

また、同社はＡＤＲ（米国預託証券）と呼ばれる形で米国市場に上場する米国外の企業であることから、同社の配当は米国株と異なり、配当に対して10％分「外国源泉徴収税額」という形で源泉徴収・課税されません。通常米国株は日本での20・315％分の課税のほか、10％分が米国における外国源泉徴収税として源泉徴収されます（投資家本人の所得等の状況次第で、確定申告で一部還付されるケースもあります）。

しかし、ロイヤル・ダッチ・シェルの場合、この10％分が課税されないことから、原則として手取りの配当額が米国株より増えます。そのため、**高配当を享受したい投資家にとっては、高配当かつADRである同社は、配当が維持される限りは好適な銘柄と言えます。**

ただし、エクソンモービル同様、資源価格の低迷が続くケースが、同社の業績・配当持続性に対する懸念点として挙げられます。減配となった場合に、その影響が軽微にとどまるよう、やはり銘柄分散を図っておくことが重要です。ここで再度強調しておきたいと思います。

なお、同社株式は、「オランダ株としてのRDSA」と「英国株としてのRDSB」の二種類があり、オランダ株RDSAは外国源泉徴収税として15％が課税され、逆に英国株RDSBには課税がないことから、日本の投資家としてはRDSBの方が税制上有利です。このように2種類の株式が存在する背景には、オランダのロイヤル・ダッチとイギリスのシェルが合併して同社が生まれたという経緯があります。

▼アイ・ビー・エム（IBM）：コンピュータ関連製品およびサービス

IBMはかつて米司法省に独占禁止法違反で提訴されるほどに企業などで使用される大型コンピュータの独占状態が続き、1980年代には10年のうち8年において世界時価総額ランキング1位というほどに輝いていました。

現在は往時の勢いは見られないものの、積極的な自社株買いによる株主還元が伝統的に手厚く、連続増配年数は24年です。次のページのグラフは発行済み株式数の推移です。2009年に約13億株だった発行済み株式数は、2018年には約9億株と3割も減っています。自社株買いによっ

●アイ・ビー・エムの発行済み株式数の推移

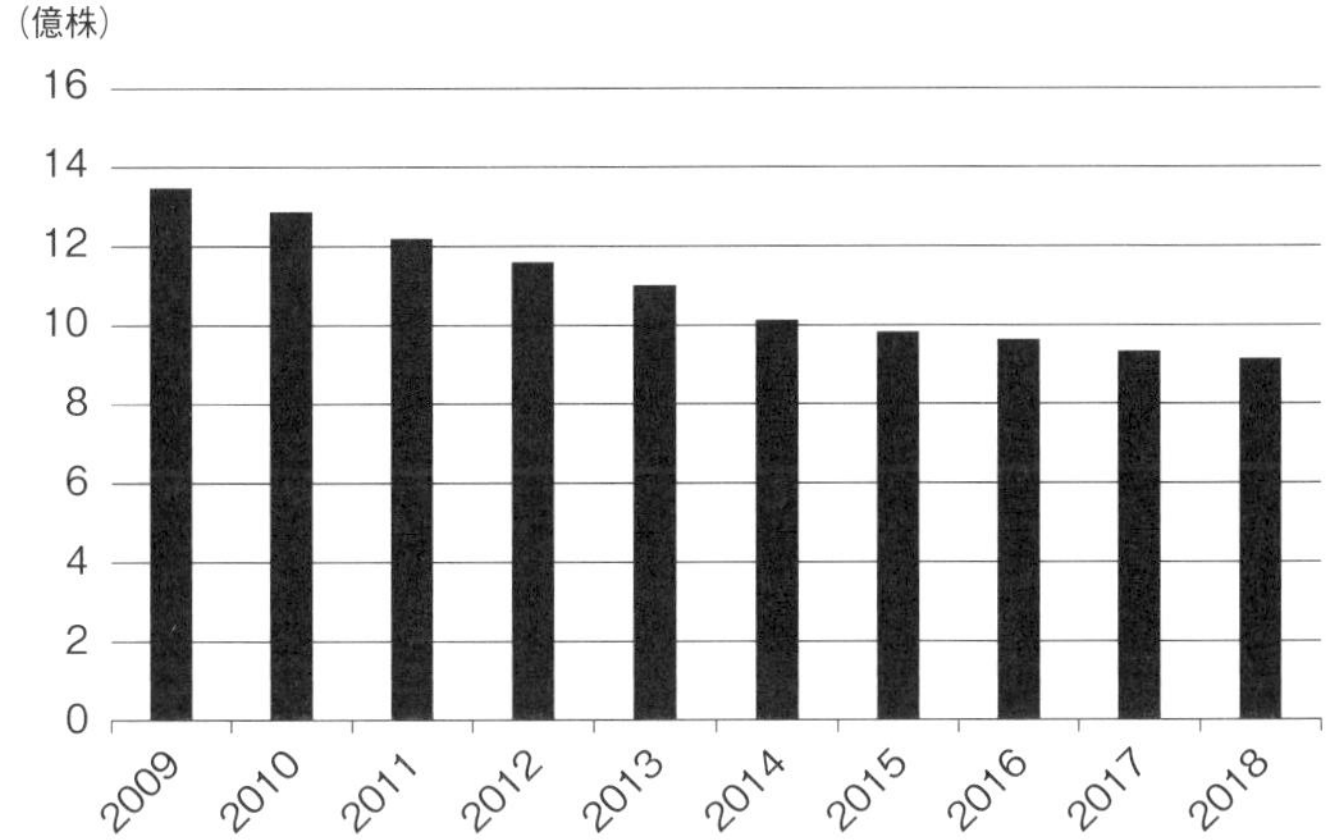

て株式数が減ることは、１株あたりの価値を高めるため、投資家にとっては影響ポジティブです。

ただし、２０１８年における同社売上高は２０１１年と比べて約２割減り、キャッシュ創出力は伝統的に高いものの、フリーキャッシュフローもこの10年間はジリ貧傾向です。

同社もこの状況は百も承知で、目下潮流となっているクラウドビジネスで、グーグルやマイクロソフトなどの後塵を拝しており、巻き返しを図るべく３４０億ドルを投じて、クラウド技術サービスなどを手掛けるレッドハットを買収しました。その効果がどのような時間軸でどの程度業績に出てくるかが焦点の１つです。

▼高配当株投資は負けにくい投資

以上、私が実際に投資している10銘柄を見てきました。ＩＢＭは低迷する高配当株の代表例のような存在と言えます。ただし株価の成長はなくとも、「安定的に高配当を享受すること」を投資方針としている投資家であれば、ポートフォリオの一部を割くことは選択肢に入ってきます。配当利回り４％の株を10年保有していると、単純計算で投資額の４割を回収できます。買値がよほど高値圏でもないかぎり、常時４％程度の配当を受け取ることで、一定の確定利益を享受できます。**高配当株・連続増配株投資は「負けにくい投資」であり、さらに下落局面における配当が一種の精神安定剤になった局面もみられました。**

ただし、その基本となるのは、分散です。少なくとも10銘柄以上に分散することは必要です。なぜなら、個別株の潜在的なあらゆるリスクを予見することは不可能だからです。いくら過去素晴らしい実績を残してきたこれら10銘柄であっても、いつなんどき、どのような事象でリスクが顕在化するのかは、予測不可能です。そのため、そのような予見不可能なリスクを分散すべく、投資先も分散することが肝要になります。その意味でも先述のＥＴＦは優れた投資対象の1つです。

▼(番外編)ハンティントン・インガールス・インダストリーズ(HII):米艦船建造大手

私が実際に投資していた高配当株10銘柄を紹介しましたが、ここで番外編として、高配当株ではないものの、注目している銘柄でもあり、実際に私も保有している銘柄をご紹介します。特徴は次の通りです。

- **主に米国防総省向けに独占事業と寡占事業を営む**
- **高い増配率**
- **積極的な自社株買い**

同社は2011年にノースロップ・グラマンという米軍事企業から分離・設立され、100年以上に渡り米海軍向けに最も多くの艦船を建造してきた造船企業です。米海軍の原子力空母建造に従事する唯一の企業であり、さらに原子力潜水艦の建造を担う企業は2社しかなく、そのうち1社が同社です。つまり、寡占事業と独占事業の両方の性質を有する事業を営んでいます。

最大の特徴は、大きな変革がない限り、艦船の需要が存在する限り、米政府・国防総省による大型かつ安定的な受注が見込めることです。2019年第三四半期における受注残は392億ドル（約4兆円）と多額の受注残を有します。空母建造の独占、原子力潜水艦の寡占という意味でワイドモート（高い参入障壁）の存在が示唆されます。

また過去5年間の平均増配率も20%を超えます。また自社株買いも凄まじく、2013年に5000万あった株数が2018年には4380万株まで減り、2019年には4140万株まで減少。率にして約17%も減っており、大規模な自社株買いを実施しています。

ちなみに、今は生活費を超える配当を得ているため、このように低配当でも増配率が高い企業をポートフォリオの主力としています。

VIX指数20以上は買いタイミング検討の目安

本章では、過去において購入タイミングの目安になってきた指標をご紹介します。投資手法は購入タイミングという観点からは次の2つに大別されます。

1. 定期積み立て
2. 株価が安くなった時を見計らってまとまった額で購入

どちらもメリット・デメリットがあります。1つ目の「定期積み立て」の場合は、株価の高低や相場状況に関わらず機械的に淡々と積み立てることで、購入価格を平準化することが可能です。定期的に購入することで、購入価格が平準化されます。一方で、上昇相場では、一括あるいはまとまった額で上昇相場の初期に投じた際よりも、定期積み立てはリターンが劣ってしまいます。

2つ目の「株価が安くなった時を見計らって、まとまった額で購入」する場合は、成功すればより多くの株数を購入することができます。その分、リターンや得られる配当金も多くなります。一方で、その購入したタイミングが相場の底なのかどうかは、あとになってみないとわかりません。反対に、結果的に下落相場の初期や相場の天井付近でまとまった額で購入してしまった場合、リターンは下がってしまいます。

このように、いずれの場合も、一長一短あります。完全無欠の投資手法というのは存在しませんから、手法によってそれぞれメリット・デメリットが局面によってあります。

機械的・定期的にETFなどを積み立てることで、投資の研究にはあまり時間をかけず、資産形成をしたいという方々もいる一方で、なるべく株価が安い時に買い、少ない原資で少しでも多く配当金をもらいたいという方々もいらっしゃると思います。そのような、配当金をできるだけ多く得たいという方々のために、以上を踏まえた上で、2つ目の手法で重要になってくる購入タイミングの見計らい方・目安として参考になる材料を1つご紹介します。

それは、**VIX《ヴィックス》指数が最低でも20以上になった時に購入を検討する**という方法です。これは上

●HDV 株価の推移

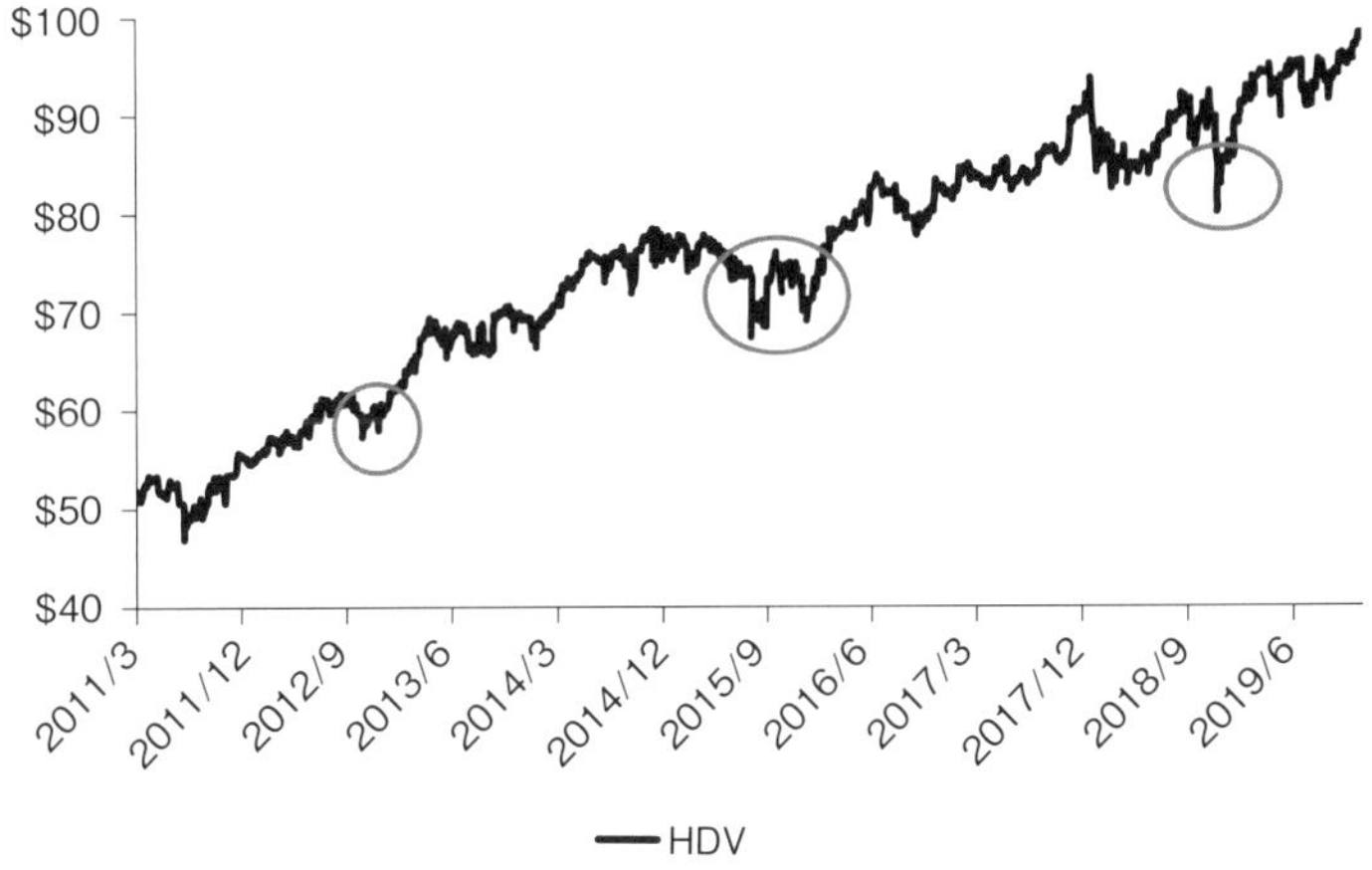

昇相場における押し目買いの1つの目安として好適です。押し目買いとは、上昇トレンド中の一時的な下落局面に購入することです。

上の図は、米国高配当株ETFであるHDVの株価推移ですが、たとえばグラフの○で囲んだところで購入することを、押し目買いといいます。

VIX指数とはVolatility Indexの略で、恐怖指数とも呼ばれます。シカゴオプション取引所がS&P500のオプション取引の値動きをもとに算出・公表している指数です。オプション取引はやや難解なため、「VIX指数が高いほど、投資家が市場の先行きに対して不安を感じている」という理解で大丈夫です。

●VYMとVIXの関係

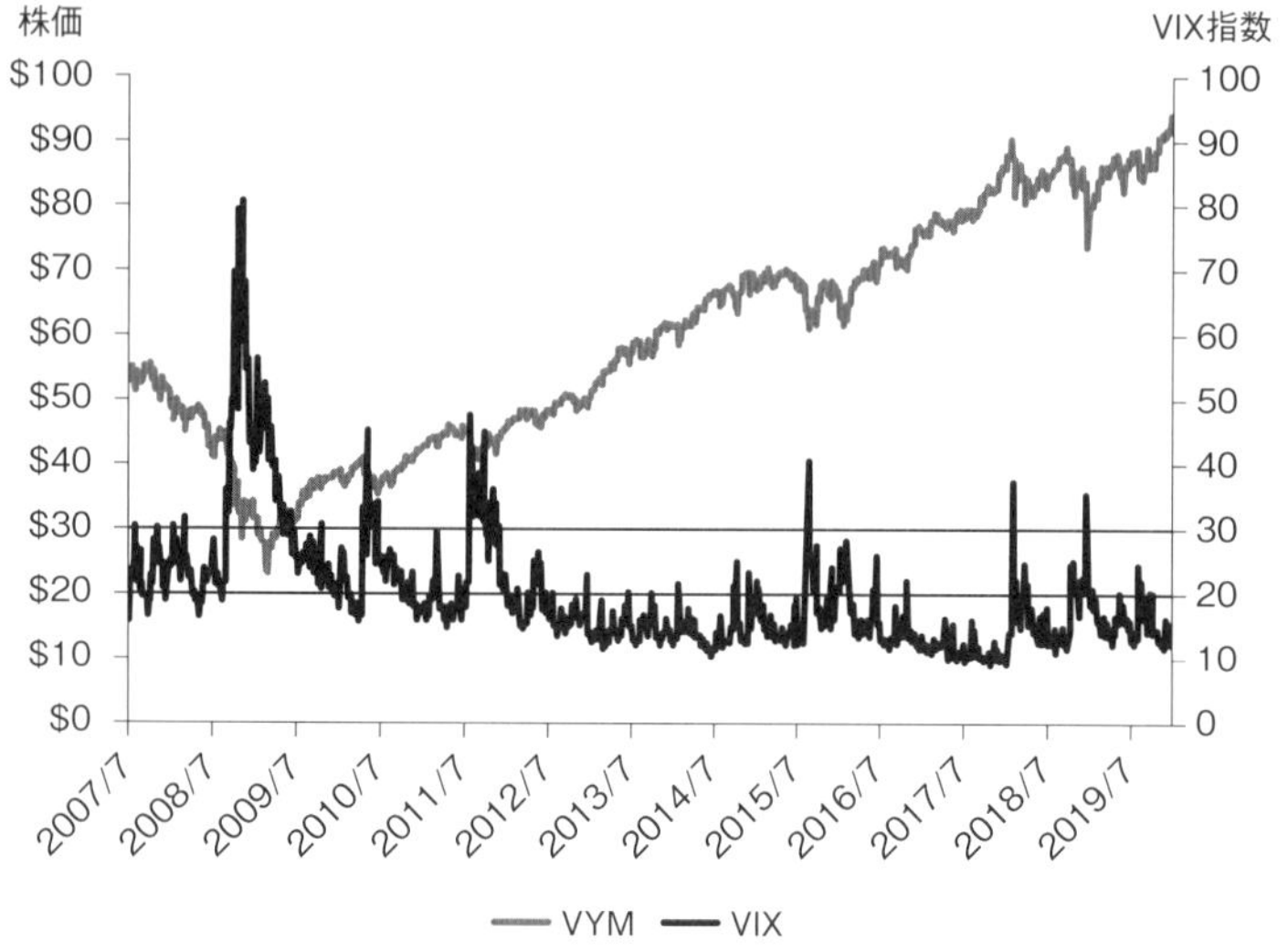

これまで高配当株ＥＴＦとして紹介したＥＴＦの１つに「ＶＹＭ」がありましたね。

設定日から２０１９年末におけるＶＹＭの株価とＶＩＸの関係を示したグラフは上の通りです。

ご覧の通り、**ＶＩＸ指数が20を上回った局面、そして特にＶＩＸ指数が30を超えた時はかなり良い買い場であったことがわかります。**買いタイミングとしては少なくともＶＩＸ指数が20を上回った時を照準に定めたいところです。

ただ、リーマンショック級の暴落となると、上述した目安は効力が低減します。リーマン

●HDVとVIXの関係

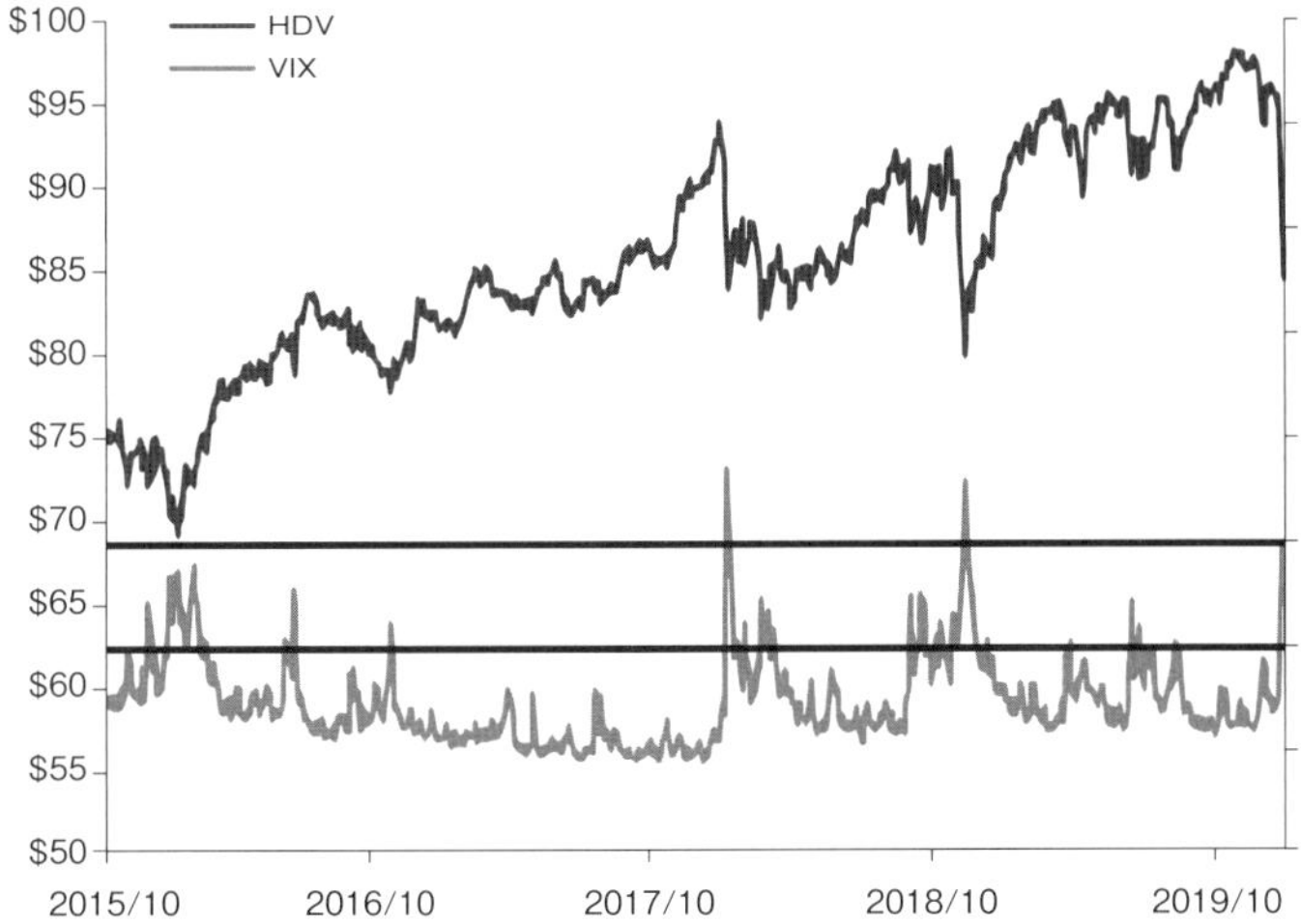
HDV
VIX
$100
$95
$90
$85
$80
$75
$70
$65
$60
$55
$50
80
70
60
50
40
30
20
10
0
2015/10
2016/10
2017/10
2018/10
2019/10

●SPYDとVIXの関係

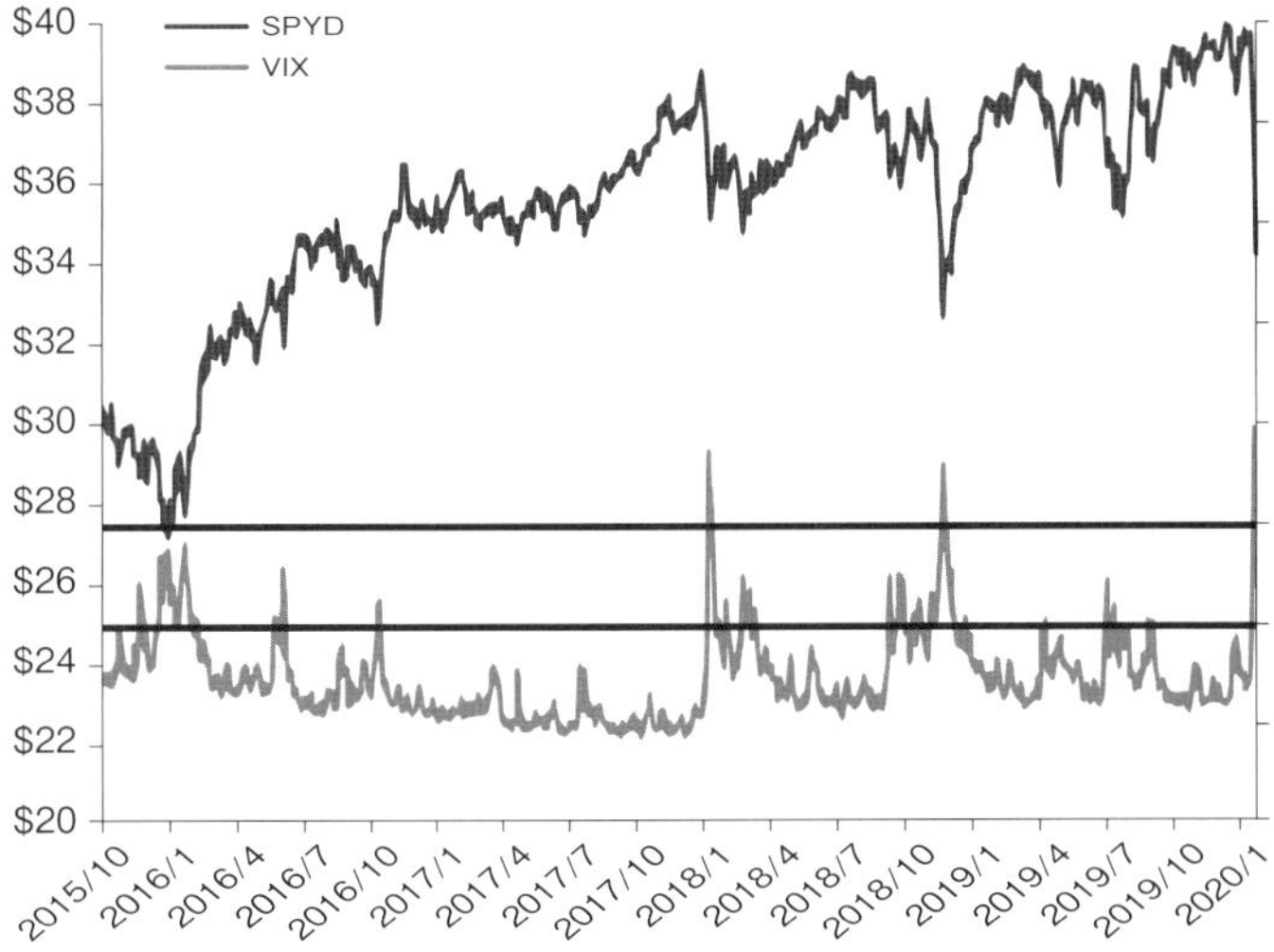
SPYD
VIX
$40
$38
$36
$34
$32
$30
$28
$26
$24
$22
$20
80
70
60
50
40
30
20
10
0
2015/10
2016/1
2016/4
2016/7
2016/10
2017/1
2017/4
2017/7
2017/10
2018/1
2018/4
2018/7
2018/10
2019/1
2019/4
2019/7
2019/10
2020/1

ショック当時、ＶＩＸ指数は80まで上昇しました。このような暴落相場では、ＶＩＸ指数が30を超えたからと言って一括で資金を投じてしまうと、更なる下落で買う余力がなくなりますから、あくまで買い増し余力は切らさない形で臨みたいところです。いずれにしても、このＶＩＸによる購入タイミングを図る方法が最も効力を有するのは、押し目買い前提ということになります。

ＶＩＸ指数については、Trading View というサイトでも参照可能なので、参考にしてみてください（https://jp.tradingview.com/symbols/CBOE-VIX/）。

私がこれまで投資してきたポートフォリオを公開！

本章では、FIRE達成時のポートフォリオを公開します。先に述べた通り、執筆時点のポートフォリオは当時から大きく変わっていますが、ご参考までに載せておきます。

前章で述べてきた通り、一日でも早く経済的自由を達成して人生の選択肢を増やすべく、**「明日は給料日。収入の8割をせっせと株式買付に回す単純な作業。そうして配当収入の綺麗な右肩上がりのグラフが描かれていく。いかに若年期に投下資本を蓄積できるか、もうそれに尽きるんやで」**という方針のもと、毎月給与から株式買付に可能な限りの額で、ひたすら高配当株や連続増配株を買い続けました。

では実際にどのような株式を購入し、セミリタイア・FIREに至ったのか、そのポートフォリオをご紹介します。

私は主に次の7つの国と地域の株式（リート・インフラファンド含む）に投資しています。

1. アメリカ
2. 日本
3. イギリス
4. オーストラリア
5. 香港
6. ベトナム
7. カナダ

米国株が主力です。ただ、私の場合は色々な国の企業・株式を調べていくうちに、このようなポートフォリオに至りました。結果的に米ドル・日本円をメインとして、ベトナムドン・香港ドルなど通貨分散にもなっている形となっています。

ご覧の通り、米国・日本・英国で過半を占め、これらの国でポートフォリオの評価額全体の約8割を占めます。また、リートやインフラファンド、連続増配株を含む高配当株が全体の9割以

●著者のポートフォリオ

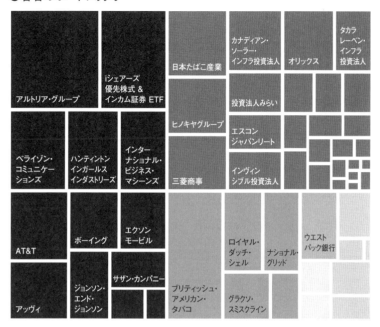

表で示した以外の投資先

●米国……デューク・エナジー、iシェアーズ米国リート ETF
●日本……スターアジア不動産投資法人、タカラレーベン不動産投資法人、スターツプロシード投資法人、Oneリート投資法人、日本航空、三菱UFJフィナンシャル・グループ、ソフトバンクグループ、沖縄セルラー電話、ビックカメラ
●ベトナム……ビンホアン水産、サオタ食品
●香港……春泉産業信託(Spring REIT)、滙豊控股(HSBC Holdings)

……など

上を占めます。２０２０年における配当収入の見通しは税引き前で約４００万円、税引き後で約３００万円です。

米国株は前章で挙げた10銘柄が中核となっています。日本株はオリックス、三菱商事、ヒノキヤグループ、沖縄セルラー電話などの高配当株に加え、カナディアンソーラーインフラ投資法人などの太陽光発電に投資するインフラファンドのほか、インヴィンシブル投資法人・投資法人みらいなど不動産に投資するＪリートにも投資しています。

英国株は前章でご紹介した「ＡＤＲ」と呼ばれる銘柄ばかりです。いずれの銘柄も配当に対する米国での外国源泉徴収税がなく、手取り配当金が米国株より10％ほど多くなる形です。

私の投資対象は、合計56銘柄です。ただ、これは投資が趣味化しているので、この銘柄数に至っているだけです。銘柄数が多いから良いというわけでもありません。これだけの個別株を保有していると、管理や集計だけである程度の時間を割くことが必要になりますから、よほど株式投資や財務分析自体が面白いと感じる方でもない限り、やはりＥＴＦで十二分に分散性を図ることが可能ですし、手間も省けることは、ここでもう一度強調しておきたいと思います。

投資銘柄メンテナンスはここをチェック

個別株投資をする際には、いくら実績十分な銘柄に投資していても、この先の将来もずっと安泰とは限りません。なんらかの外部要因や業績不振などでその企業が凋落していく可能性も十分にあります。そのため、個別株投資をする際は、定期的なメンテナンスが欠かせません。具体的には四半期決算ごとに業績をチェックしておきたいところです。

基本的に四半期ごとの業績は、速やかに株価に反映されます。決算結果や見通しが良ければ、概して株価は上がりますし、好ましくなければ下がります。市場の受け止め方は株価を見ることでだいたい把握できますが、実際にどのような数字を企業が出したのか、そして見通しは上方修正されたのか下方修正されたのか、様々な要因が絡み合って決算内容が株価という1つの数値として形成されます。

そのため、個別株に投資している以上は、投資先の企業が具体的にどのような状態なのかを自分で把握しておくために、四半期ごとに発表される決算を自分でもチェックしておいた方が好ましいです。

企業の将来を完璧に見通すことは誰しもできません。とはいえ、個別株に投資している以上は、投資先企業の状態を知っておくに越したことはありません。なぜなら、企業の状態を把握しておけば、なんらかの要因で株価が下がっている時に、購入するのかしないのかを、自分で客観的な数値や情報をもとに判断できるケースがあるからです。把握していなければ、博打的な要素がより大きくなってしまいます。

では具体的にどこを見ているのか、実際に見ている部分は多数ありますが、一番わかりやすく重要と思われる要素を1つ紹介します。

▼フリーキャッシュフローと配当支払い額

企業の状態を測る上で、主なものとして売上高・利益（営業利益・純利益）・キャッシュフローの3つがあります。

売上高はその名の通り、製品やサービスがどれだけ売れたかを示す値です。

売上から様々な経費を差し引いて、利益がどの程度残ったのかを示す値が、「営業利益」や「純利益」などの利益です。

そして、実際に現金としてどれだけの額が企業に入り、投資などで現金がどの程度流出し、財務活動などで現金が出入りした結果、どの程度手元に残ったのかを示すキャッシュフローがあります。

いずれも重要な尺度ですが、**もしこの中で何か1つ一番知りたいものを選ぶのであれば、私はキャッシュフローを選びます。株主が受けとる配当にも深く関係します。**

ここで誤解がないように申し添えておきます。リスクを負って投資する以上は、リターンを期待したいところではありますが、私たちはもちろん株主である前に人間であり、社会を構成する一員であり、企業は営利企業ですが社会的責任を果たすことも、従業員に報いることも、環境的な責任を果たすことも、いずれも重要です。これら前提を踏まえた上で、話を進めます。

キャッシュフローには、営業キャッシュフロー・投資キャッシュフロー・財務キャッシュフローの3つがあります。

営業キャッシュフローとは、商品の販売やサービスの提供などによって、企業が日々の営業活動から得られたキャッシュ（現金）の量を示します。つまり、その企業はいくらのキャッシュを年間で生み出せるのかが表れる数値であり、最も重要な要素です。

投資キャッシュフローとは、主に固定資産の取得や売却で増減したキャッシュの量を表しています。固定資産とは、企業活動に必要な建物や工場、備品、土地、設備などを指します。固定資産を取得すると会社の資金が出ていき、投資キャッシュフローはマイナスの値となりますが、所持していた固定資産を売却すると現金が入り、投資キャッシュフローはプラスの値となります。

財務キャッシュフローとは、企業活動を維持し、必要な投資を行うための資金調達や返済など財務活動に関するキャッシュの変動を表します。主に借入金の返済による支出や借入による収入、配当の支払いによる支出や自社株買いによる支出などがあります。

これら3つのキャッシュフローを踏まえた上で、フリーキャッシュフローという重要な概念を把握しておきましょう。フリーキャッシュフローとは、営業活動を通じて得たキャッシュから投資などの支出を差し引いて、企業の手元に残った自由に使えるお金のことです。ゆえに、一般的には営業キャッシュフローから投資キャッシュフローを差し引いて求められます。ただし、投資キャッシュフローには固定資産の支出のほかにも、設備の売却や買収関連の費用など一時的に大きく変動する要素が含まれています。そのため、私はフリーキャッシュフローを次のように求めています。

フリーキャッシュフロー ＝ 営業キャッシュフロー － 資本的支出

資本的支出（CAPEX/Capital Expenditure）とは、企業が設備等の有形資産のために支出する金額です。この資本的支出のみを営業キャッシュフローから差し引いたものを、便宜的にフリーキャッシュフローと見なす形にしています。企業は、新規事業を展開するため、または、長期的な投資のために、資本的支出を行います。たとえば新しい事業所の購入や倉庫の建設、工場内の設備投資といったものです。このフリーキャッシュフローが、少なくとも配当支払額を上回っているかどうかはチェックしておきたいところです。

▼チェックポイント：フリーキャッシュフローと配当支払額の比較

フリーキャッシュフローより配当支払額が多ければ、借金や資産売却で配当支払いをまかなっている可能性があります。借金をすることで次の成長への投資原資となったり、効率よく財務運営をする要素にもなるので、借金それ自体は悪いことではありません。しかし、配当をもらう立場として、より安心できるのは、堅調な利益・フリーキャッシュフローを背景として支払われることです。

実際に企業の決算書を見てみましょう。次に示すのはジョンソン・エンド・ジョンソンの2018年における年次決算書です。枠で示した部分が上から順に「営業キャッシュフロー」、「有形資産の取得」、「配当支払額」です。

ジョンソン・エンド・ジョンソンの場合、フリーキャッシュフローが配当支払額の約2倍近くあることがわかります。ここでいきなり配当支払い額がフリーキャッシュフローを上回っていると、借入金がどの程度あるのか等を詳しく精査するようにしています。

JOHNSON & JOHNSON AND SUBSIDIARIES
CONSOLIDATED STATEMENTS OF CASH FLOWS
(Dollars in Millions)(Note I)

	2018	2017	2016
Cash flows from operating activities			
Net earnings	$15,297	1,300	16,540
Adjustments to reconcile net earnings to cash flows from operating activities:			
Depreciation and amortization of property and intangibles	6,929	5,642	3,754
Stock based compensation	978	962	878
Asset write-downs	1,258	795	283
Gain on sale of assets/businesses	(1,217)	(1,307)	(563)
Deferred tax provision	(1,016)	2,406	341
Accounts receivable allowances	(31)	17	(11)
Changes in assets and liabilities, net of effects from acquisitions and divestitures:			
Increase in accounts receivable	(1,185)	(633)	(1,065)
(Increase)/Decrese in inventories	(644)	581	(249)
Increase in accounts payable and accrued liabilities	3,951	2,725	656
Increase in other current and non-current assets	(275)	(411)	(529)
(Decrease)/Increase in other current and non-current liavilities	(1,844)	8,979	(586)
Net cash flows from operating activities	**22,201**	**21,056**	**18,767**
Cash flows from investing activities			
Additions to property, plant and equipment	(3,670)	(3,279)	(3,226)
Proceeds from the disposal of assets/businesses, net	3,203	1,832	1,267
Acquisitions, net of cash acquired (Note 20)	(899)	(35,151)	(4,509)
Purchases of investments	(5,626)	(6,153)	(33,950)
Sales of investments	4,289	28,117	35,780
Other (primarily intangibles)	**(464)**	**(234)**	**(123)**
Net cash used by investing activities	**(3,167)**	**(14,868)**	**(4,761)**
Cash flows from financing activities			
Dividends to shareholders	(9,494)	(8,943)	(8,621)
Repurchase of common stock	(5,868)	(6,358)	(8,979)
Proceeds from short-term debt	80	869	111
Retirement of short-trem debt	(2,479)	(1,330)	(2,017)
Proceeds from long-term debt, net of issuance costs	5	8,992	12,004
Retirement of long-trem debt	(1,555)	(1,777)	(2,223)
Proceeds from the exercise of stock option/employee withholding tax on stock awards, net	949	1,062	1,189
Other	(148)	(188)	(15)
Net cash used by financing activities	**(18,510)**	**(7,673)**	**(8,551)**
Effect of exchange rate changes on cash and cash equivalents	(241)	337	(215)
Increse/(Decrese) in cash and cash equivalents	283	(1,148)	5,240
Cash and cash equivalents, beginning of year (Note 1)	17,824	18,972	13,732
Cash and cash equivalents, end of year (Note 1)	**$18,107**	**17,824**	**18,972**

ちなみに、私が投資している10銘柄として挙げたサザン・カンパニーやデューク・エナジーは、配当支払い額がフリーキャッシュフローを上回ってしまっています。サザン・カンパニーの投資キャッシュフローの主な内訳は、電力会社の主たる経費とも言える「環境基準に適合する機器の導入、発電所・変電所・送電所の建設、および設備更新などの資本的支出」です。電力事業を営む際に必要な、これらの費用自体が大きいのです。この現象は、デューク・エナジーも同様です。電力会社の業態上、特徴的な現象です。サザンやデューク・エナジー以外の他の電力会社も同様に、電力会社は投資キャッシュフローが増大しがちで、フリーキャッシュフローも赤字になりがちです。フリーキャッシュフローが赤字である場合、株主還元や事業継続のための資金調達が利益だけでは足りずに、社債発行や借入などでまかなうことにもなるため、投資する際には、ネガティブ要因になり得ます。

以上のように、業態によって配当支払い額がフリーキャッシュフローを上回っていることも散見されますが、基本的にはフリーキャッシュフローが配当支払い額を上回っていることが好ましく、まずはそこだけでも定期的にチェックして、配当持続性を検証する形としたいところです。

それぞれの人に合った資産形成法を考える

ここからはケースごとに、どのような投資方法が選択肢となるか、実際に考えていきたいと思います。資産運用の目的は「老後のため」であったり、「アーリーリタイアあるいはセミリタイアをしたい」であったり、「明確な目的は決まっていないが、人生の選択肢を増やしたい」であったり、人それぞれ異なると思います。ただし共通するのは、「資産形成をしたい」「資産を増やしたい」という点です。そのため、本章では、単に「資産を増やすことを目的とする」という前提で、考えていきます。

ケース①：将来が不安27歳（女性）・独身・年収350万円の場合

投資先の一例

▼つみたてNISAへ毎年40万円
⬇20年後には800万円から1356万円に増える可能性も

年収350万円ということで、手取り年収は0・8を乗じて280万円とします。27歳独身ということで、一般的には恋に結婚、仕事にキャリアに、スキンケアにお化粧に、ファッションに趣味に、色々とお金を使いたいところがあると思います。

資産の最大化だけを考えるのであれば、支出は少ないに越したことはありません。しかし先ほど述べた通り、色々なところにお金をかけたい時期でもあると思います。そこで、**つみたてNISA満額分となる、年間40万円、これだけは投資用資金として確保するという選択肢が、無理のない一案になってくると思います。**毎月、約3万3000円を定期的に次のいずれかの商品に積み立てる形です。

- **楽天・全米株式インデックス・ファンド（楽天VTI）**
- **eMAXIS　Slim　米国株式（S&P500）**

どちらの商品も手数料や内容に大差はなく、米国株に幅広く分散して投資可能な商品となっています。また、おすすめ証券会社として紹介した「SBI証券」「楽天証券」「マネックス証券」の3社ともつみたてNISAの対象商品として取り扱っています。

単純計算で年間40万円を20年間、年利5％で運用すると、元本800万円と運用収益を合わせて1356万円になります。S&P500の1989〜2019年におけるインフレ分を除いた実質リターンは年率7・7％でした。ですから、年利5％というのは非現実的な数字ではありません。

ケース②：少しでも生活を豊かにしたい 36歳（男性）・夫婦共働き・年収500万円の場合

投資先の一例

▼一般ＮＩＳＡに毎年１００万円

⬇８年後にはお小遣いが毎月４万円プラスに⁉

年収５００万円ということで、手取り年収を４００万円とします。ここではつみたてＮＩＳＡではなく、一般ＮＩＳＡを活用した事例として挙げたいと思います。一般ＮＩＳＡは現行制度においては２０２３年まで年額１２０万円まで、金融庁の税制改正大綱で示された２０２４年以降の５年間は、原則として年額１０２万円が現行ＮＩＳＡに該当する年額です。

そのため、２０２０年に一般ＮＩＳＡで投資を始めた場合、８年間で８７０万円のＮＩＳＡ枠を活用できることになります。配当利回りが概ね４・５％であってきた米国高配当株ＥＴＦである「ＳＰＹＤ」に毎年投資したとすると、ＮＩＳＡ活用により、配当に対する課税のうち、日本における課税分がなくなるため、次の式の通り、10％分だけが配当に対して課税されます。

配当課税額＝税引前配当金×~~20・315％~~《なくなる》×10％

よって、配当利回り４・５％とすると、10％分課税され約４・１％が税引後の配当利回りとなります。８年間、毎月分散して購入することで投じた元本８７０万円に対し、配当再投資なしの単利計算前提で４・１％を乗じて、８年後には年間36万円、月にして３万円の配当金を得ることが可能です。「２０１８年サラリーマンお小遣い調査」によれば、サラリーマンの毎月お小遣いの平均額は３万９８３６円とのことなので、お小遣いがおよそ倍増する形になります。

本ケースでは、やや控えめに年間投資額を１０２万円～１２０万円と設定しました。支出水準や収入次第でさらに投資に回せるお金がある場合、配当金はさらに増やすことが可能です。

ケース③：老後資金を少しでも増やしたい57歳（男性）・妻は専業主婦・年収700万円の場合

投資先の一例

▼米国株式50％＋米国債券50％

⬇ミドルリスク・ミドルリターンを狙う

年収700万円ということで、手取り年収は560万円とします。ケース③において、ケース①、ケース②と決定的に異なるのは、寿命を迎えるまでの期間の長さです。ケース①の27歳、ケース②の36歳では、日本人男性の平均健康寿命とされる72歳まで、ケース①では45年、ケース②では36年あります。この期間であれば、投資対象が100％株式であっても十分プラスのリターンを収めることが期待できます。対して、57歳の本ケースでは、平均健康寿命まで15年となります。寿命を迎えるその時まで投資をしていると肝心の消費に回すことができないため、実際に投資を終えるのは、寿命を迎えるより前です。ですから、実際には15年間も投資期間が確保できない前

●S&P500

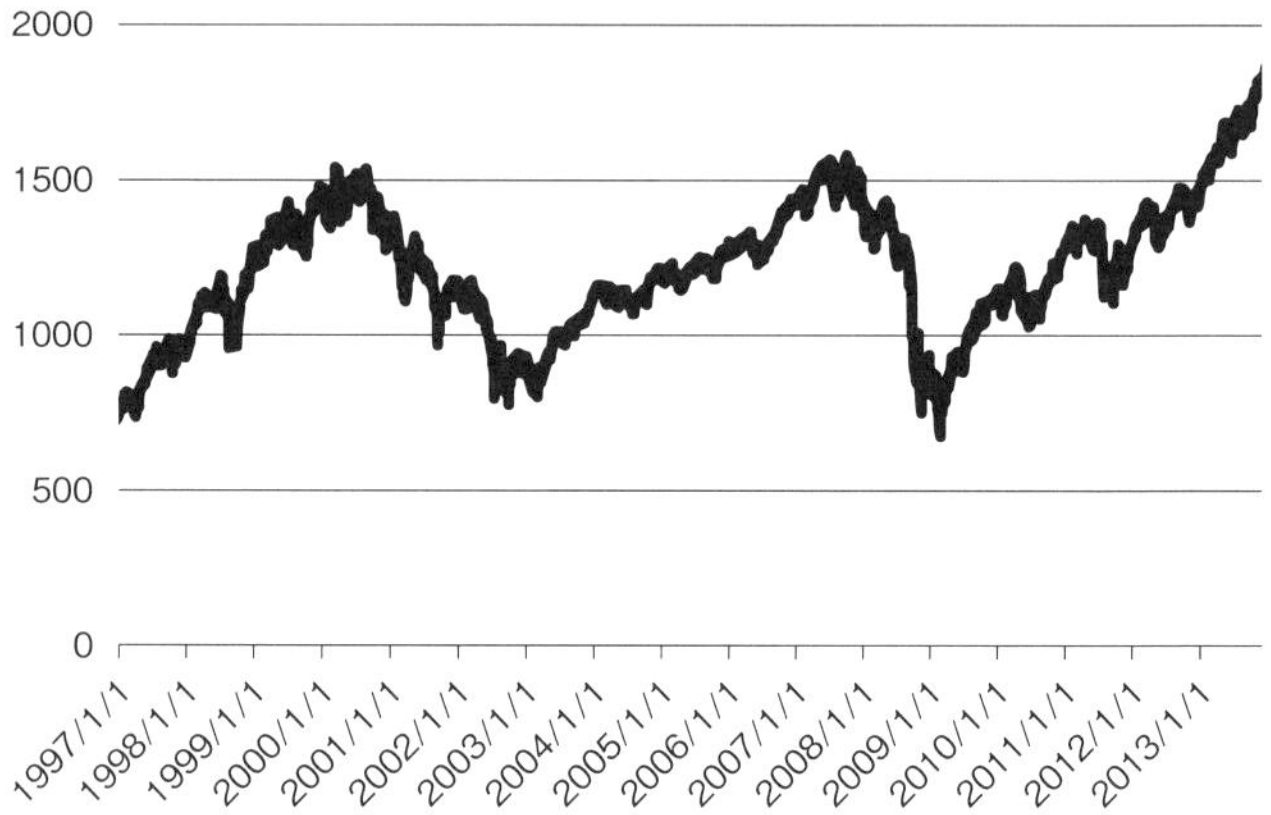

提で考える必要があります。

このケースでは、ケース①や②のように株式だけに投資するのではなく、債券への投資も考えたいところです。なぜなら、株式のみに投資していると、その投資期間の短さから、タイミングによっては含み損を抱えたまま投資を終えることになる可能性も多分に出てくるからです。

例えば、上のグラフは１９９７年から２０１３年におけるＳ＆Ｐ５００の推移です。

もし仮にタイミング悪くこの期間内に米国株へ投資していた場合、約15年間にわたって概ね横ばいの推移となってしまいます。投資を終えるタイミングによっては、損失を計上して終えてしまうことも考えられます。老後資金のために資産運用をしていたにも関わらず、結局損益がマイナスで終わってしまうことは避けたいところです。

そのような場合には債券を利用する価値が出てきます。ジャンク債などリスクの高い債券を除く一般的な債券のメリット・デメリットとして次のようなものがあります。

メリット　：株式に比べて値動きが小さく、安定している
デメリット：長期的なリターンは株式に劣る

リスクとリターンのどちらも株式より小さいという特徴があります。そのため、リスクを抑えつつ運用したい際に好適な投資対象です（ただし、外国債券に投資する場合は、為替リスクも生じます）。

債券にもＥＴＦがあり、主なものとしては次の2つがあります。

- **ＡＧＧ（iシェアーズ・コア米国総合債券ＥＴＦ）**

	AGG	BND
設定日	2003年9月	2007年4月
経費率	0.06%	0.04%
銘柄数	7,574	7,613
トータルリターン	4.1%	4.2%
信用格付け AAA の割合	71.9%	69.4%
分配利回り	2.70%	2.71%

※2020年1月2日時点。分配金は直近12か月を参照。

・BND（バンガード・米国トータル債券市場ETF）

いずれも米国の投資適格債券と呼ばれる「信用力の高い債券」、つまり債券の中でもリスクの低い債券に幅広く分散投資をするものです。

【AGG】iシェアーズ・コア米国総合債券ETFとは？

設定日2003年9月。ブラックロック社が組成する、米国の投資適格債券に幅広く分散されたETFです。

【BND】バンガード・米国トータル債券市場ETFとは？

設定日2007年4月。バンガード社が組成する、こちらもAGGと同じく米国の投資適格債券全体に幅広く分散されたETFです。

上の表の通り設定日以外の項目はいずれも大差ありません。銘柄数は7000を超え非常に多く分散されています。両者ともに40％を米財務省発行の債券、米国債が占め、信用格付けが最も高いAAA格の債券が大半を占めます。経費率は非常に低位で手数料は問題ない水準です。ただし、過去10～15年にわたる設定来のトータルリターンは年率4％程度と株式ほど高くありません。

過去20年間で株式と債券のリターンを比較してみても、1999～2018年における年率リターンはS&P500の5・6％に対し、債券（米国総合債券インデックス:Bloomberg Barclays US Aggregate Bond Index）のそれは、4・5％でした。昨今は、債券バブルと言われるほどに、低金利の常態化を背景として債券の価格が堅調であってきましたが、やはり債券のリターンは、株式に劣る傾向が見られます。

過去50年間（1950～2015年）においても年間リターン平均は米国株式11・1％に対し、米国債券は6・0％とやはり債券のリターンは株式に劣ります。

一方、両ETFの2007年5月から2019年末における市場価格の推移を見てみると、「株式に比べ値動きが小さく安定している」ことがわかります。

2008年から2009年にかけてリーマンショックの影響を受けても、約10％しか価格が下がっていません。これが最大の特徴であり特長です。

●AGG・BNDの価格推移

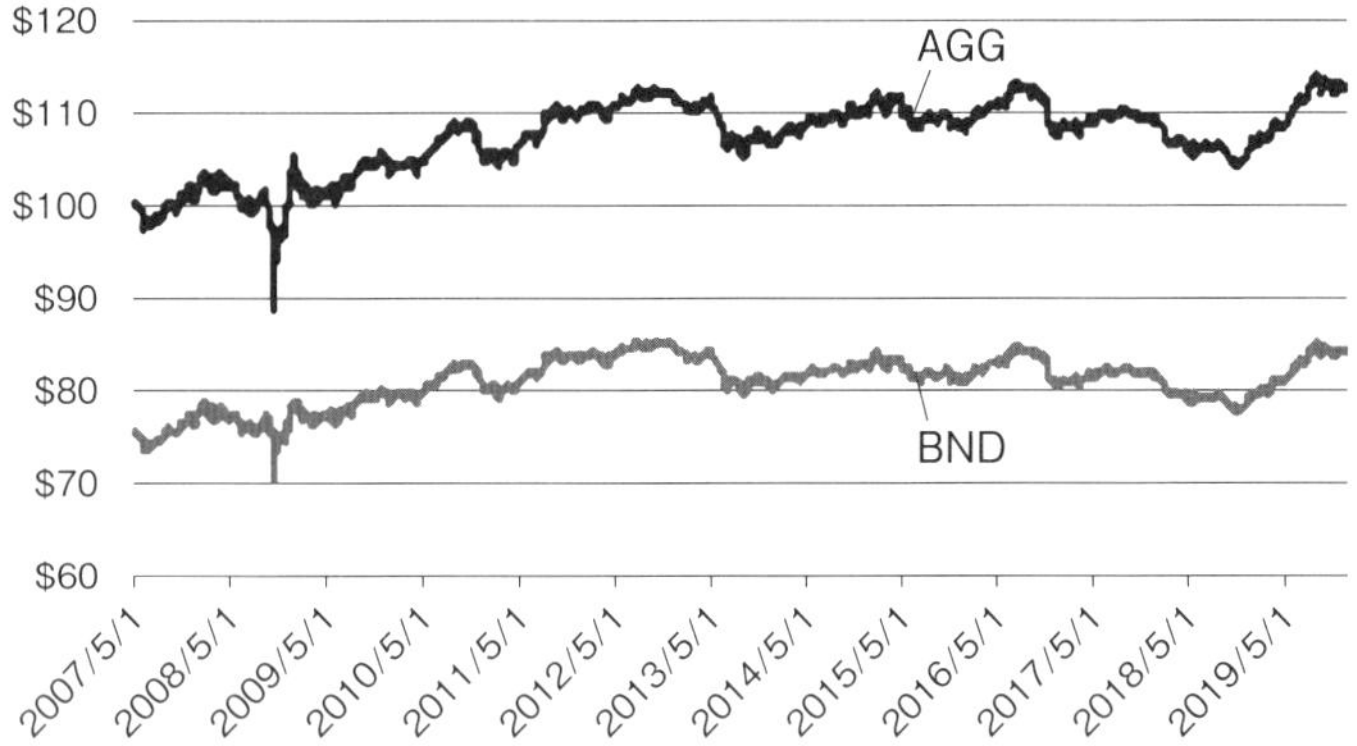

このように、**「長期的なリターンは株式に劣るものの、株式に比べて値動きが小さく、安定している」特徴を持つこれら債券ETFは、投資期間が限定的な場合の運用に向いています。**なぜなら、先述の通り損失を抱えたまま運用を終えるリスクが下がるからですね。

そのため、投資期間が限られる50代以降の方々にとっての好適な投資対象は「米国株式100%」というよりは、「米国株式50%＋米国債券50%」といったように債券を組み込む形で、ミドルリスク・ミドルリターンを志向したポートフォリオにすることが一案になってきます。ただし、運用期間中に大幅に円高になると、円建てで見た場合にリターンが目減りするリスクは頭に入れておきたいところです。ですから、為替リスクを避けたい場合は、日本の「個人向け国債」の利用も一案です。

ケース④：本気でFIREをめざす24歳の場合

FIRE実現のための3か条

- 若年期に入金力をできるだけ上げる
- 「収入 ─ 支出《マイナス》」の最大化に努める
- 自身の価値観やライフスタイルそのものを見極める

資産形成の方法については、これまで述べてきましたので、ここでは主に概念的なことを述べます。FIREを目指す若者は日に日に増えている印象を受けます。今後も増えていくと思います。会社での出世や高消費生活よりも、自由な生き方、主体的な生き方、ミニマリズムといった概念に対してより魅力を感じる若者は、今後も増えていくだろうからです。時代的な背景もあります。インターネットの発達・高成長社会の終焉、物質主義への疑問など、様々な面で過渡期を迎えているとも言えます。

そして、FIREを達成する人、これも今後増えると思います。FIRE達成に重要な要素を知って、実行し、時間をかければ、いずれ達成すること自体は可能です。FIRE達成のために重要な要素として、次の2つがあります。

1. 収入・支出
2. 生き方

収入面は、とにかく若年期に入金力を最大化し、高配当株ETFや、先述の楽天VTIやVTIなどの保有口数を増やすことです。VTIを買い付ける投資信託である楽天VTIで資産の最大化を図った後に、証券会社の定期売却サービスを利用して、定期的に定額または定率で一部を取り崩す（＝現金化）ことも一案です。

VTIとは、正式名称「バンガード・トータル・ストック・マーケットETF」という、S&P500を含んだ米国株式市場のほぼ全体に相当する米国株約3600銘柄への投資が行われているETFです。いわば、米国株全体に投資できるETFです。高配当株ETFと同様、投資になじみのない方でも、分散投資ができ、定期的に積み立てることで、今後も長期的にリターンを享受できると思われる投資対象です。配当利回りは概して1％台です。

一方、高配当株ＥＴＦを積み上げ続け、配当収入を最大化することも一案です。どちらにするかはご自身の好み・目標までの時間軸などによって、お決めになるとよいと思います。遠い将来に配当を得たいならば、ＶＴＩも一案ですし、近い将来に配当を得たいならば、高配当株ＥＴＦが一案です。**いずれにしても、運用利回りを上げることに注力するのも良いですが、入金力の最大化に傾注することが、資産形成の根幹です。**これは次に述べる支出面に繋がります。ちなみに、本書では再現性が比較的高く、定期的に振り込まれるという意味で手間がかからない配当所得に焦点を当ててきましたが、所得には主に給与所得・事業所得・配当所得・不動産所得などがあります。ＦＩＲＥ達成、そして達成後のためには、給与所得以外に所得が分散されていればされているほど、そして、太ければ太いほど、理想的ではあります。これらは下落局面での買い増し余資にもなりますし、収入のリスク分散になるからです。

次に支出面です。**ＦＩＲＥを達成するにあたっては、決定的に支出水準がその達成難易度を左右すると思います。**先述のとおり、生活費が10万円の人と20万円の人では、配当というキャッシュフローで経済的自由度を測る場合、倍額の元本が必要になります。ゆえに、若年期にＦＩＲＥできるかどうかは、そもそも自分の心地よい支出水準が高いのか低いのか非常に重要です。

各人の支出水準を論じる際、結局、各人の価値観次第という結論に帰します。高消費生活をしたい人は、よほどの資産家か、よほどの高収入か、ほかにも所得があるか、一発何かで当てるか、などの条件付きになってきます。

つまり、FIREを語る上で外せないのは、生き方そのものです。 たとえば、適度な田舎暮らしは、FIRE・セミリタイア生活と親和性が高いライフスタイルの1つです。適度な田舎であれば、家賃は安く、映画館など娯楽施設は集約的で、便利さは都心とさほど変わらず、地元の朝市や農家さんの直売市などで新鮮な地産食材が安価で手に入り、ゆえに地産食材で運営されるような良質なレストランも豊富にあり、温泉や自然などの資源に恵まれ、山や海も近く、公共施設は低い人口密度ゆえ快適といったように、お金をかけずともいくらでも充実した生活を送ることができます。あくまで極端な例ながら、南伊豆町で築80年超の古民家を自分で改修し、自給自足、電気もソーラーパネルで発電して、月収3万円で暮らす20代夫婦もいます。このようなスタイルならば、多額のお金は必要ありません。そのため、配偶者と価値観がある程度は一致しているかどうかも重要になってきます。

つまり、高消費生活を望む方は、FIREのハードルが上がります。ただし、やはり収入次第でもあります。セミリタイア、つまりたとえば週に2～3回の低頻度で働くような生き方であれば、FIRE、つまり若年期における早期リタイアまたはセミリタイアを達成するハードルは大きく下がります。なぜなら、それほど多くの給与所得以外の所得が必要なくなるからです。

FIREを目指す際の注意点を述べておきます。私は人生において大切にしていることの1つとして、経験があります。多様な経験は、観点の数と世界観を広げます。観点・世界観が広ければ、1つの事象に対して多様なことを感じ取ることができ、多様性を認めることができます。これは人生の選択肢、そして精神的な豊かさに直結します。特に若年期における経験は得難いものです。

本書では、「収入－支出の最大化」の重要性を説いています。しかし、資産は、ツールです。経験や人間関係は、宝です。私はあくまで資産の多寡よりも、経験を積むことを大切にしてきました。ですから、その点を認識した上で、バランスを取りつつ、目標に向かって邁進していくのが良いのではないかと思います。

ケース⑤：子供にも投資を伝えたい
52歳（女性）・子供2人を育てるシングルマザーの場合

投資先の一例

▼SBI証券の定期買付サービスでVYMを自動積み立て

⬇手間をかけずに運用、配当金も狙える

ケース④では、実際にシングルマザーの方から頂いたご相談をご紹介します。「子供に伝えたい投資と生き方、そして今後のお金との向き合い方」について。

「はじめまして。52歳、高1と高3の子供を持つシングルマザーです。今後、子供にお金の事で迷惑をかけないために今からどのような行動をとればよいか教えていただきたくご連絡致しました。

現在看護師、給料は毎月手取りで30万円弱です。今後、給料は下がりますが職場を変えようかと迷っています。理由は、現在は夜勤や残業が多く、年齢・体調的にも厳しくなってきたからです。私が倒れたら子供に迷惑をかけるので、夜勤のない職場にかわり、お給料が減っても細く長く働き続けたいと思っています。2人の子供の大学進学のために600万円ずつ貯金をしています。地方在住ですが、都会の大学を希望しており、大学進学後は毎月10万ほど仕送りが必要になりそうです。その他に約1800万円の貯金があります。家は持家です。この先、成人式と結婚式にお祝いと、孫ができたら入学や卒業式のお祝いとお年玉を毎年渡したいです。

「三菱サラリーマンが株式投資でセミリタイア目指してみた」の記事を読み、投資を始めたいと思っていますが、具体的に何をどう始めて良いのか、始めて良い年齢なのかわかりません。

子供たちには投資のことを知ってもらい、私に何かあった時にも自立して生きていく方法を伝えたいと勇気を出してみました。

50代、子供2人のシングルマザーの今後のお金との付き合い方についてご教示よろしくお願いいたします。」

私も幼い頃に父を亡くし、母が大変だった姿・努力してきた姿や生きざまを見てきたので、他人事とは思えません。一方、**大変だからこそ、お金というものと向き合う非常に良い機会**にもなり得るかと思います。

お子様2人を女手1つで、ということでご苦労も多いかと思います。さらに職業柄、体力面も大変かと推察します。そんな中、少しでもキャッシュフローが増えれば、お財布にも心にも、余裕ができるかもしれません、お金はあくまで副次的な存在ですが、一方で不足感があると余裕を奪い得るものなので、資産運用はやはり今からでも検討されても良いと思います。

次は夜勤のない環境とはいえ、仕事に育児に家事に多忙と推察します。以上の状況から、「資産運用にかける時間・余裕は限定的」との前提で以下進めさせて頂ければと思います。

一案としては次の通りです。

▼証券口座：SBI証券
▼投資対象：ETF「VYM」
・分配金というキャッシュフローあり、お子様が投資を知る際にも分配金の存在は好適
・SBI証券の定期自動積立サービスなら、安値は狙えないが平均点を狙え、手間不要

投資対象としては、分配金の出ない投資信託も一案になりますが、「子供たちに投資を知ってもらい、私に何かあった時にも自立して生きていく方法を伝えたい」と仰る通り、「投資を知る」際には、分配金というキャッシュフローが実際に生まれた方が、より実感が湧くと思います。「あまり手をかけずとも、金融資産からキャッシュフローが生まれるんだ」と実感するには、分配金のあるETFが好適だと思います。

以上から、ETFに絞って記載します。

「子供たちには投資のことを知ってもらい、私に何かあった時にも自立して生きていく方法を伝えたい」ということで、「ご自身よりお子さんのため」という色彩が強いと推察します。ゆえに、52歳というご年齢を考慮しても、お子さんへの資産継承も考えて、長期投資という選択肢を捨てる必要はありません。株式は安く買えるに越したことはないので、理想を言えば値下がりした局面で買いたいところです。しかし、ご多忙だと思います。よって、**SBI証券の定期買付サービスを利用して、毎月自動的に積み立てていく形が一案です。**

投資自体が初めてであれば、まずは少額、例えば月5万円など少額から毎月決まった日にVYMを購入し、「これぐらい株価が動くんだ」など体感してみることが良いと思います。

1点、注意点としては、先述の通り株式に投資する以上、価値が半分になることも起こり得ます。リターンがある以上、リスクも包含します。

結論的にはこのような案に着地しますが、おすすめしていて心苦しい部分は、**株式というのは、いつ高値を迎え、いつ暴落を迎えるのかは、こればかりは読み切ることができない**ということです。

もしかすると、今後も米国株が伸び続けるのかもしれません。その場合、月5万円ではなく、一括で投資した方が良いことになります。その一方で、コロナショックをきっかけに、株価暴落・長期低迷が続くかもしれません。その場合、暴落した今から定期買い付けを始めた方が良いことになります。

つまり、相場が読めない以上、投資方法において「100%絶対的な正解」、あるいは「各局面でもベストとなる投資手法」を適時採ることは困難であるという前提は、株式投資をする上で、ご理解頂けると思います。そこで時間的な制約がある中で、相場がどちらに転んでも良いように、バランスをとりつつ投資をするなら、「定期積立」です。投資が初めてであるならば、少額から始めてのちに投資額を増やしていく形が無難だと思います。

過去50年間における景気後退期、および過去40年間における弱気相場の平均期間は、各々約11か月です。ですから、これを1つの目安としてコロナショック後11か月は積み立て額を増やすという戦略も一案として考えられます。

▼株式投資に親しみを持ってもらうには、実感が湧くという意味で「株主優待」が一案

お子様に株式投資に親しみを持ってもらう方法として、株主優待が一案です。定期的に現物としてモノが送られたり、商品券が送られてきたりするので、視覚的に投資の効果を訴えることになり、興味を抱きやすいです。その送られてきたモノが自分の興味のあるものならば、なお興味深く感じると思います。親が積極的に働きかけると反発する子供もいますから、株主優待が送られることで、さりげなく投資に興味を持ってもらえそうですね。

▼子供たちに投資のことを知ってもらい、母に何かあったときに自立して生きてもらう方法とは

「子供たちには投資のことを知ってもらい、私に何かあった時にも自立して生きていく方法を伝えたい」とのことですが、お子さんは母の背中を見て育ちますから、特に母子家庭は「母の生き様そのもの」を見て色々なことを思うはずです。

「なぜうちには父親がいないんだろう」

「なぜ母はこんなに身を粉にして働く必要があるんだろう」
「自分が働けるようになれば、お金を稼げるようになれば、母は楽になるかもしれない」

こんなことも考えてらっしゃるかもしれません。両親より片親で育った子供の方が色々なことに気づけるという一面は、あると思います。つまり、片親は恵まれていないことではなく、表裏一体、色々なことに気づける機会を与えることができるのだと思います。母が一所懸命に子供のために何かをしたり、働いている姿を示していれば、何か主体的に伝えようとせずとも、確実にその生き様を間近で感じるのではないかと思います。

私は配当金の重要性を説いていますが、金融所得を過度に美化するつもりはありません。労働は労働で「人のために何かをする」という点において尊いことだと思います。

その一方で、資本主義の側面である「お金がお金を生む」という現行社会システムを幼少期から知っておいて損はありません。ただし、やはりお金に傾倒しすぎるのも考えものですから、そのあたりはバランスが必要と思います。お金はあくまで人生の選択肢を増やすツール、ということですね。お金自体が目的化すると、方向性を見失います。

母に何かあったときに子供が自立して生きていく方法とは、ということですが、「価値観や価値基準が多様化していく社会の中で、一体何に重きを置くのか」というところでしょうか。世間で一流企業とされるところに入ることが絶対的な価値基準でもないですし、高いマンションに住むことや、名誉あることが絶対的な価値基準でもありません。

子供に資産を多く残せばよいかと言うと、必ずしもそうでない場合も多々あります。多額の株式を子供に相続したものの、結局子供が親の要望に反して売却、使い果たしたケースもあります。

このように、親が何かモノとして遺したものは受け継がれるかどうか定かではありません。しかし、**「親の生き様」**は確実に子供の胸の奥深くに生き続けると思います。

- 相手に寄り添うこと
- 人のために何かをするということ
- 自分の信念を持つということ
- 強者が弱者を助けるということ

これらは普遍的かつ汎用性が高く、生きていくために最も重要かつ尊いことだと思います。ですから、親としてその生き様を、子供に示し続けることこそが、結局何かを遺すことになるのではと、大変に僭越ながら、思う次第です。

Chapter5

資産形成は目的ではなく手段

資産形成は目的ではなく手段

本書の多くの部分を資産形成、つまりお金というものに対して、ページを割きました。しかしここで誤解して頂きたくないのは、**資産形成、そしてお金というのは、あくまで目的ではなく手段であって、それ以上でも以下でもないということです。**お金自体を最大の目的としてしまうと、方向性を見失います。お金自体を最大の目的としてしまうと、真の幸福感や充実感を得ることはできません。お金はあくまで「人生の選択肢を増やす可能性を大いに秘めたもの」という位置づけです。

お金自体を目的にしていたら、私は決して30歳でセミリタイアはしなかったと思います。お金のことを考えたら、勤めていた会社を続けていた方が、定期的に給与が振り込まれるため、資産を増やす確実性が高いであろうからです。

私たちは、生まれたその瞬間から死に向かって走り続けています。そんな有限な時間を歩む中で、最も尊いものは、その時間というものをこの世において与えてくれた命であり、この世に生を授けてくれた親であり、家族であり、人生を共に歩むパートナーであり、日常を語らい合う友人であり、周囲の人々です。つまり、社会です。私たちはみんな、社会を構成する一員です。

私は北京留学から日本に帰ってきた時、真っ先に強く感じたのは、「日本に活気というものが失われているのではないか」ということです。私が接した中国の人々は「明日は今日より良くなる、明後日は明日よりさらに良くなる、1年後はもっともっと良くなる」そんな大きな希望を抱いていました。日本もバブル崩壊まではそうだったと聞きます。

日本は今どこか、生き方というものに対して、みんなが手探りで、生き方に疑問を持ちつつも、どうして良いのかわからない人が多くいらっしゃるのではないかと思います。なぜなら、日本では「これが正しい」「これが正解だ」「正解の反対概念は不正解である、つまり間違っている」という価値観に無意識のうちに大いに縛られているように、私は感じます。**しかし、生き方というものは「正しいか、間違っているか」という概念で判断することはできません**（倫理的に許されないことや、犯罪等は除きます）。人には人の生き様があり、考えがあり、尊重したいものがあり、個性があります。それは、正しいか正しくないかという概念で論じられることではありません。もっと言うと、生き方に正しいも正しくないもないのです。生き方というのは、ある程度の自由というものが許されるものです。

その自由な生き方をしたいという方にとって、ネックになるのが経済的な要因です。生き方を選択するには、ある程度はお金が必要です。では、そのお金を、資産を形成するためには、今までご紹介してきたような資産運用がやはり「手段」として必要になってきます。**資産形成とは、「自由に生きていく」ための、1つの切符に相当するということです。**切符はそれ自体に価値があるというよりは、ある地点からある目的地に行くまでに必要な「手段」ですね。

その切符を得るためのツールが、ここ日本においては豊富に用意されています。現時点で信頼に足り広く流通する日本円という通貨が存在し、民主主義が存在し、所有権という概念が認められ、証券会社が存在し、外国の株式を安価な手数料で買う方法が整備され、そして情報に自由にアクセスできる。こういったツールを有難く利用し、自由な生き方をするための切符を手に入れる、あるいは人生の選択肢を増やす。

そういった人々が増えていけば、そして自分の求める生き方を選択できる状況が個人に対して整っていけば、日本という社会自体も、より生きやすくなっていくのではないかと、私は考えます。

▼自由な生き方（ＦＩＲＥ）が日本でもできることを証明したかった

「ＦＩＲＥ」や、「セミリタイア」、「自由な生き方」と聞くと、非現実的に感じる方が多いと思います。「私には無理だ」、「そういった生き方は持って生まれた資産家や、一部の大企業や士業など、一部の人にしか実現できないことだ」と思う方もいらっしゃるのではないかと思います。しかし私は、それに対してはっきりと「ＮＯ」と申し上げたいです。

先ほども述べたように、日本には証券投資環境が極めて整っています。諸外国に比べてあらゆる面で非常に恵まれていると断言できます。そのような環境にあって、さらに生活保護のような公的扶助も整っている国にあって、「あきらめる」ことは、もったいないです。**努力すればすべて報われるとまでは言いませんが、努力するだけの価値は間違いなくこの社会において、あります。私たち日本人は恵まれています。**

「ＦＩＲＥ」のような新たな生き方、経済的自由を達成した上で、自由な生き方ができることを私は強く証明したかった。自由な生き方はここ日本でもできます。そのため、私が実際に採ってきた投資方針、そして本書で紹介した投資手法や投資対象は、再現性にこだわりました。なぜなら、ＦＩＲＥのような生き方が日本でもできることを、私の生き様を通して証明したかったからです。

私がＦＩＲＥを達成する以前、日本や外国の知人にそのことを話すと、ほとんどの人は「現実にそんなことがあるの？」といった反応でした。人は、「自分の知っている世界で起きていることの範囲内」で、物事を判断します。「自分の知っている世界で起きていること」の中に、ＦＩＲＥが存在しなければ、ＦＩＲＥという概念の実現可能性に対してはネガティブになる傾向にあります。ましてや30歳でのＦＩＲＥ実現はあり得ないという反応でした。

しかし、今後30代や40代でＦＩＲＥを達成する人は、今より増えると思います。なぜなら、資本主義という前提が存在する限り、何かよほどの大変革が起こらない限りは、株式市場はプラスサムゲームであり、若年期から本書の投資手法を知った人は、愚直に入金して株式を購入していくことで、遅かれ早かれ配当金というキャッシュフローが増加していくからです。前章で示した通り、価値観次第で30代でのＦＩＲＥも可能です。

もしあなたが、周囲から「それは無理じゃないか」といった将来の実現可能性を狭める言動を耳にした際は、あまり気にする必要はないと思います。なぜなら、自分を一番知っているのは、自分だからです。四六時中、絶えず自分を見守っているのは、自分です。自分の行動様式を最も把握することができ、客観視できる材料を最も多く見いだすことができるのは、自分です。自分の願望や内なる声に最も耳を傾けられるのも、自分です。**自分を信じましょう。私は自分を強く信じ、自分の信条に沿って常に行動して、生きてきました。自分の人生に全く後悔というものはありません。**なぜなら、人生の局面局面で、大いに悩み、大いに考え、大いに周囲に助けられ、「選択」してきたからです。選択するには、複数の選択肢が必要です。経済的自由を達成すれば、選択肢は増えます。

▼今の生き方に疑問がある人へささげる1つの選択肢

人は、色々な思いを持って生きていると思います。過去の境遇、家族構成や環境、生い立ち、見てきた世界、触れ合ってきた人々、政治的信条・宗教的信条の有無、理想とする人物、素敵だと思う対象や価値観、多種多様な要素が織り成す「思い」や「気持ち」というものが、絶えず去来し、今というかけがえのない時を、それぞれがそれぞれの思いを持って生きています。

恐らく、ここ日本では多くの人々が、個の幸せを追求して生きている、そしてその追求が政治的にも社会的にも、ある程度許されています。諸外国と比べて、そんな恵まれた国だと思います。私は、日本人という民族は、概して根が優しく、親切で、他人のことを思いやることができる、とても素敵な方々が多いと感じます。

戦時中は、生き方は1つしかありませんでした。生き方に疑問を持つことができる現代は、ある意味で非常に恵まれた時代であることを、まず認識しておきたいところです。生き方に疑問がある人は、まずは自分を知ることです。

自分が心の底から何を欲し、どのような状態であれば幸せと感じるのか、これをとことん自分で掘り下げることです。客観視することです。自分という主観がありながら、もう一人の自分が常に自分を見ている、それが客観視です。客観視すれば、自分の状態、そして内なる声を聞き取りやすくなります。自分の変化や感情の振れ幅を感じ取りやすくなるからです。自分の変化や感情の振れ幅は、内なる声のサインです。

自分の価値観を明確に把握していなければ、自分が持つ疑問、自分の生き方に対する疑問を解決することは、難しいです。なぜなら、その疑問を自分で分解して、シンプルな原因を突き止めることが難しくなるからです。ですから、まずは自分を深く知ることです。「自己分析」という表現は、やや陳腐な感じがしてしまうのであまり使いたくありませんが、要は自己分析です。

そして自身の価値観がはっきりしたのであれば、あとはその価値観に沿って、ゴールに向かって、進むのみです。そして進む際、あるいは目指す先に、有用な手段の1つになり得るのが、お金であり、資産であり、経済力です。どのような生き方をするのであれ、自分を律することができる限りは、経済力はあって困るものではありません。

今の生き方に疑問がある人に1つ選択肢を提示するとすれば、「自然」です。「自然と共に生きる」ことです。人間は、結局動物です。

そして夢を持ち、それを追いかけることです。目標を設定して、それに向けて邁進することです。生活に彩りが出てきます。また、あきらめないことです。そして、何事も懸命に取り組むことです。中途半端に取り組めば、中途半端な景色しか見えません。懸命に取り組めば、違う景色は、見えます。物事に懸命に取り組むことは、すなわち懸命に生きることであり、一日一日を悔いなく生きることに繋がります。それは、人生に充実感をもたらします。懸命に取り組める対象は、人によって異なります。懸命に取り組める対象、それは自分にとって何なのかを、探し続けてみてください。

あとがき

父を幼い頃に亡くして以降、いろいろな方に支えて頂き、助けて頂き、そのおかげさまで、今があると思っています。

今度は私が、誰かしら他人様の役に立つ番だ、今度は自分の番だと思って、そんな思いも持って本書を書きました。

投資知識や理論・実践に限らず、生き方や人生哲学も記す形となりました。

いま、私は30代に入り、ちょうど父が亡くなった年齢と同じぐらいです。

かたわらの死から学んだ「人生二度なし、悔いなく生きよ」が私の信条でもあります。

セミリタイア以降、おかげさまで充実した毎日を精一杯、悔いなく生きています。

「明日はどんな一日が待っているんだろう」

そんな期待を持って、一日を生きることができています。

そんな毎日に、感謝しています。

物事が帰結する時、1つの要因で結果が形成されるわけではありません。

多様な幾多の要素が絡み合って、1つの形として事象が形成され、結果として表出します。

ですから、私が今、理想の生き方を実現できたのは、今があるのは、決して自分だけの力ではなく、家族や友人や周囲の人々、そして勤めていた会社の方々を含め、悲喜交々の経験などすべての過去が綿々と連なり、いま現在を紡いでいます。

今までの人生に一切悔いはないです。なぜなら無駄な経験はひとつもないと断言できるからです。

「回り道をした……」

読者の方におかれましては、こう思うこともあるかもしれません。しかし、回り道は回り道ではありません。回り道をしたという貴重な経験があります。

ある1つの事象に対して、物の見方は様々です。人への見方も様々です。

私たちは物事のごく一部・一面しか見えていないことが、多々あります。

人は単純なようで単純ではありません。みなさんが見ている人、それはその人のごく一面でしかないのです。

一面的ではなく多面的に物事を見る、それが現代で極めて重要なことだと思います。

株式投資であれ、仕事であれ、人生であれ、根底につながっているのは、多様な視点で物事を見ることだと思います。

景気サイクルの観点から、市場は必ず上下動を繰り返します。

市場もまた、様々な要素が絡み合って1つの価格が形成されます。

暴落もいずれ来るでしょう。しかし、陽はまた昇り、止まない暴落もまたありません。

株式市場で荒波が猛威を振るう中にあっても、皆さんと共に、楽しく駆け抜けていくことができれば、うれしく思います。

本書はここで筆を止めますが、引続きブログでその筆をとり、止まることなく歩を進めます。

皆さまも歩を止めず、一度きりの人生、目標に向かって歩を進め、毎日を悔いなく生きることができることを祈念しています。

また皆さまと、ブログかどこかでお会いすることができ、そして、資産形成に、階段利用に、人生に、ともに歩を進めていくことが出来れば、うれしく思います。

Best wishes to everyone.

穂高　唯希

著者略歴
穂高 唯希（ほたか ゆいき）
ブログ「三菱サラリーマンが株式投資でセミリタイア目指してみた」を運営。給与の8割を日米英豪中などの高配当株・連続増配株へ投資し、金融資産約7000万円、月平均20万円超の配当収入を得られるしくみを形成。30歳で退職しセミリタイア、FIREを達成。日本版FIREムーブメントのさきがけとしてメディアで度々取り上げられている。

ツイッター　@FREETONSHA
ブログ　https://freetonsha.com

本気でFIREをめざす人のための資産形成入門
30歳でセミリタイアした私の高配当・増配株投資法

2020年 7月10日　初版第1刷発行
2021年11月 5日　初版第10刷発行

著　者　穂高 唯希
発行者　小山 隆之
発行所　株式会社 実務教育出版
〒163-8671　東京都新宿区新宿 1-1-12
TEL　03-3355-1812（編集）03-3355-1951（販売）
振替　00160-0-78270

印刷 精興社　製本 東京美術紙工　装丁・DTP ISSHIKI　イラスト あべたみお

ISBN 978-4-7889-2133-7 C0033 Printed in Japan